AF276607

MARÍA DÍAZ MEGÍAS

Mater dolorosa

V Premio SGAE de Teatro Ana Diosdado

MARÍA DÍAZ MEGÍAS
Mater dolorosa

Primera edición, 2024

© De *Mater dolorosa*: María Díaz Megías
© Del prólogo: Yolanda Pallín

© Para esta edición: Fundación SGAE, 2024

Coordinación editorial: Pilar López
Diseño gráfico y de cubierta: José Luis de Hijes
Maquetación y procesos digitales de edición: spandaeditorial.com
Corrección: Susana Pulido
Logotipo de la colección: Francisco Nieva
Imprime: Estugraf Impresores, SL

Edita: Fundación SGAE
Bárbara de Braganza, 7, 28004 Madrid
www.fundacionsgae.org publicaciones@fundacionsgae.org

ISBN: 978-84-8048-952-2
ISBN electrónico: 978-84-8048-953-9
DL: M-18976-2024

A todas las mujeres y hombres que confundieron
el deseo y el derecho

MUJER AL OTRO LADO DEL TELÉFONO.— Es un derecho de cualquier individuo.

QUIEN ESCRIBE.— ¿Ser padres?

MUJER AL OTRO LADO DEL TELÉFONO.— ¡Por supuesto! Cualquier persona tiene derecho a ser padre.

Conversación mantenida con la empresa líder
de gestación subrogada en España

El fuego y el manantial
Unas palabras de admiración a partir de *Mater dolorosa*

Hay obras buenas y algunas, además, son necesarias.

En el Madrid de la libertad para tomar cañas, la presidenta de nuestra comunidad ha premiado hace pocas fechas al presidente de Argentina, quien reivindica sin pudor al economista Murray N. Rothbard, que en su libro *La ética de la libertad* afirma: "Si un padre puede tener la propiedad de su hijo (dentro siempre del marco de no agresión y de libertad de abandono del hogar), puede transferirla a terceros. Puede dar al niño en adopción, o puede vender sus derechos sobre él en virtud de un contrato voluntario. En suma, tenemos que enfrentarnos al hecho de que en una sociedad absolutamente libre puede haber un floreciente mercado libre de niños".

En el siguiente párrafo, el autor aclara: "Este mercado posee un humanismo más elevado", máxime cuando entiende además que "no son derechos humanos los que no son también derechos de propiedad". Encontramos aquí, en perfecta armonía, la perversión del lenguaje y el cinismo más exquisito.

Parafraseando al ínclito Rato, "es el mercado, amigo", y en este caso un mercado que se anuncia como *floreciente*, ni más ni menos. Mientras escribo estas palabras, los amigos de los amigos de Rothbard ya gobiernan en Italia y están a punto de ganar las elecciones en Francia; la Francia, ojo, que en su día defendió que la patria potestad no podía ser un derecho de propiedad; pero también la Francia de *la liberté, la egalité* y *la fraternité* –nunca *la sororité*–; hija de una revolución burguesa; semilla de un capitalismo colonialista asentado en nuestras conciencias hasta ser un mantra inefable: "Que contaminen allí, lejos de nuestras fronteras; que gesten otras; si lo hacemos en casa –lo que sea que quieran vender– no nos sale la cuenta de beneficios". Eso nos susurran al oído. Así que, ojos que no ven...

También aquí, en España, un buen número de pactos entre mercaderes aseguran su cuota de poder a los amigos de Rothbard; y una *socialité* adorable se nos ha presentado cual Yocasta, cínica y posmoderna, siendo a la vez madre y abuela de una criatura comprada allende los mares. Es la tragedia edulcorada por el papel cuché.

Así que, frente al lema del mercado, podríamos espetar un "es la política, amiga", y depende de ti, de tus acciones, crear diques de contención y desenmascarar las nuevas formas del capitalismo global, tan sofisticadas que nos hacen creer, mediante publicidad subliminal, que lo artificial es natural y, por lo tanto, bueno y deseable. Pero ¿esto es nuevo o es lo de siempre? La tecnología permite gestaciones subrogadas, pero, no nos engañemos, eso de robar niños es un clásico de los sistemas dictatoriales.

Hay obras que son buenas porque son políticas, esto es, porque sirven a la *polis*; porque equivalen a las necesarias dosis de pastilla roja que te mostrarán el timo de Matrix; porque traen al consciente nuestro inconsciente para que dejemos de llamarle destino. Si todo lo personal es político, el teatro es terreno abonado porque suele centrarse en la representación de historias íntimas como exponente metonímico de historias colectivas. El teatro político no necesita explicitar la presencia de los órganos de representación popular, o la legislación vigente, para ser considerado como tal; pero también podría ser que si todo es político nada lo sea. Y luego hay obras como *Mater dolorosa*, de María Díaz, V Premio SGAE de Teatro Ana Diosdado 2023, donde la conjunción entre lo público y lo personal pone el dedo en la llaga de lo contingente, la llamada gestación subrogada, y de lo atemporal, proponiendo de nuevo la gran pregunta sobre la naturaleza del derecho en sociedad que ya abordó la tragedia griega.

Mater dolorosa aborda varios temas, pero el más obvio es el de la gestación subrogada. Y siendo el tema principal, también es solo un exponente –una faceta– de la maternidad, asunto que atraviesa la obra que nos ocupa.

En España la gestación subrogada no es legal y la legislación no da lugar a interpretaciones. Aunque hecha la ley, hecha la trampa:

tampoco está expresamente prohibida ni hay establecida una sanción específica, como podemos leer en la publicidad de una clínica de fertilidad, avanzando en qué nos recomiendan que desemboque un tratamiento fallido; porque en España sí está permitido asesorar. La ley de adopción internacional permite casos en los que el nacimiento de la criatura se produce por gestación subrogada, aunque se viole el orden público cuando se obtiene dicha gestación mediante pago o cualquier otra compensación. Como prima el interés del menor –un menor que se ha *producido ad hoc*–, existe un resquicio legal que permite la inscripción de estos niños nacidos en el extranjero en el correspondiente consulado español y/o en el Registro Civil que verifica que la adopción es válida. Las asociaciones de padres que han recurrido a la gestación subrogada aseguran que ya se han registrado en España más de 2.500 niños nacidos en estas singulares circunstancias. Teniendo en cuenta todo esto, parece más que necesaria la aportación de materiales de debate sobre el fenómeno de la gestación subrogada. Y para ampliar este debate, para universalizarlo aún más, se añade en *Mater dolorosa* el tema del deseo inducido de ser madres que experimentamos todas las mujeres por el mero hecho de serlo. No hay venta sin necesidad, claro está. Cómo convierte el mercado nuestro deseo de ser madres en un derecho –de propiedad– es algo que economistas y publicistas explican a la perfección.

He tenido la oportunidad –el lujo– de conocer el proceso de creación de esta obra y pocas veces he visto un texto que nazca con tanta fuerza del cuestionamiento y la experiencia personales. Las preguntas que han iluminado estas páginas seguramente nos suenan a muchas de nosotras: "¿Hasta qué punto reconozco este deseo como mío? ¿Realmente deseo ser madre o es algo impuesto por la educación y la crianza que he recibido? ¿Es instinto materno o imposición social?"[1]. Por eso, lo que comenzó siendo una obra de rechazo de la mercantilización de los niños en el mundo, pasó a ser una pieza que expone a corazón abierto el dolor de ser madre. Y como no existen respuestas

---

[1] De la memoria de TFG de María Díaz, inédita.

definitivas a estas eternas preguntas, la duda seguirá alimentando un debate que persigue que deje de entenderse el cuerpo de la mujer como un campo de batalla sin tregua. Y autoras como María Díaz seguirán creando ficciones que nos pongan frente a nuestros monstruos; ficciones que nos ofrezcan armas con las que transformarnos en autoras de nuestros destinos.

Antes de comenzar el proceso de escritura, María llevó a cabo una intensa investigación sobre cómo se afronta en la práctica la gestación subrogada. Por un lado, recopiló toda la información posible utilizando materiales de diversa procedencia, sobre todo artículos de prensa, ya que el tema todavía no ha sido tratado a fondo por el ensayo académico[2]. Por otro lado, su investigación se centró en contactar con empresas de gestación subrogada haciéndose pasar por una mujer con problemas de fertilidad para conocer en primera persona cómo es someterse a este tipo de procesos. Las conversaciones con estos "despachos de abogados de asesoramiento integral" fueron de lo más jugoso, hasta el punto de que María llegó a plantearse la posibilidad de trabajar desde la autoficción. Después de una profunda reflexión sobre sus objetivos, la autora decidió no tomar este camino porque para ella era muy importante contar la historia dando voz a las dos partes fundamentales en el proceso de gestación subrogada: Miss Primer Mundo y Miss Ucrania; y aunque podía compartir emociones y sentimientos con ambas, con ninguna de las dos se establecía una identificación que justificara la autoficción. Es decir, María hizo lo que la dramaturgia siempre ha hecho: escuchar y ponerse en el lugar del otro.

Lo que sí aprendió María de su experiencia en contacto con estas agencias es que el proceso está perfectamente estructurado para que las cuestiones éticas y morales puedan ser ignoradas deliberadamente. Por ello muestra en su texto la manipulación del lenguaje y el uso de expresiones dulcificadas –eufemismos– que evitan todo aquello

---

[2] Han sido especialmente importantes para la escritura de este texto: Lafuente Funes, Sara (2021), *Mercados reproductivos: crisis, deseo y desigualdad* (Katakrak Liburuak, Pamplona), y González, Nuria (2019), *Vientres de alquiler* (LoQueNoExiste, Madrid).

que pueda resultar hiriente o sospechoso. Como escuchar de primera mano a las mujeres gestantes es casi una tarea imposible, la autora opta en el texto por hacer evidente esta dificultad mostrando que otros hablan en su nombre o no dejándonos escuchar aquello que podrían querer decir.

Interpretando a Brecht, las obras de teatro políticas solo serán de verdad buenas sin son efectivas, esto es, si emplean con astucia las herramientas de su arte, como ocurre en *Mater dolorosa*. La fluidez de la pieza es una de sus principales fortalezas. Cuatro líneas dramáticas se intercalan en la obra. Por un lado, se nos presenta la trama de Miss Primer Mundo, que atraviesa las diferentes etapas por las que pasa una mujer occidental para alcanzar *su sueño* de ser madre: inseminación artificial, fecundación *in vitro*, adopción y gestación subrogada. Por supuesto, esta trama nos permite comprender la presión a la que se somete a las mujeres del primer mundo induciendo en ellas el deseo de maternidad mientras se les dificulta la conciliación de la vida productiva y la reproductiva. También presenciamos el devenir de Miss Ucrania, por el que conocemos un posible contexto social precario que lleva a una mujer a ofrecerse como madre gestante –vientre de alquiler– de un hijo que no será suyo. Estas dos son las líneas realistas de la obra y las más cargadas de diálogos dramáticos, en los que la autora tasa y contiene lo emocional para nunca acercarse al melodrama o al fácil sentimentalismo. Con total sutileza y sobriedad expone en paralelo las experiencias de Sara –como la estéril mujer de Abraham– y de Yevtsye, "vida" en ucraniano.

En las otras dos tramas, lo satírico y lo simbólico se dan la mano con lo espectacular. Toda la pieza está presidida por un omnipresente Coro de mujeres embarazadas que sirven de contrapunto a las dos tramas principales generando acción, pensamiento y distanciamiento crítico. Cada una de ellas está gestando un hijo para otras personas y representa a su país en un certamen de belleza –mercado de carne– imaginario y delirante. Una cuarta línea de acción nos sitúa en un estudio de grabación –el gran plató del mundo– que podría pertenecer a un *reality*, un anuncio publicitario o un programa de tarde en una cadena nacional: no es fácil distinguir el perverso contexto del que procede la información manipulada de la que nos nutrimos.

Estas cuatro líneas argumentales se van trenzando a lo largo de la obra y convergen en determinados momentos especialmente intensos y significativos como, por ejemplo, la escena en la que las dos protagonistas leen sus respectivos contratos y terminan firmándolos con el mismo bolígrafo: en estos detalles hay un saber que la autora no pretende subrayar. La sofisticación en la construcción del tiempo dramático es tal que las diferentes velocidades de la acción confluyen de manera muy efectiva en un espacio único: el aquí y ahora del escenario, capaz de multiplicarse en todos aquellos otros lugares desde los que se cuenta la historia. El diálogo y las acciones de los personajes nos hacen entender dónde y cuándo sucede cada segmento de acción. Dentro de este espacio simbólico pero lleno de concreción, merece la pena destacar un altar siempre presente, a la vez escaparate y espacio de veneración; el lugar sagrado y degradado –conflictivo en sí mismo– en el que siempre hemos sido colocadas las mujeres.

No es fácil definir el género de la pieza: es drama, desde luego, pero también sátira; no podemos negarle los elementos trágicos, incluso más allá del coro; y la comedia, desde luego, nos ofrece momentos de distensión frente a la dureza de lo que se nos cuenta. Pero me gustaría destacar la especial calidad poética de unas acotaciones que traspasan la técnica escénica que la autora expone. Es en las acotaciones donde vemos a la directora de escena, pero también a la mujer *dolorosa* que se atreve a expresar que hay palabras que hieren y otras que se agolpan en la boca y todavía no han sido dichas.

"¿Cómo podemos apagar los incendios que no sabemos dónde empezaron?", se pregunta Miss Primer Mundo. "¿Cómo contener un deseo que se desborda más allá de la piel?". El teatro, siempre político, a veces lo es decididamente y nos advierte sobre la amenaza de, por ejemplo, el lento avance de una libertad pervertida. Pero también consigue saltar por encima de las convicciones –en esta obra las hay– y plantea esas preguntas tan escondidas que no somos capaces de expresar. ¿De dónde procede el fuego y de dónde vendrá el manantial? No lo sabemos, pero gracias a obras como *Mater dolorosa* podremos decir, como Brecht, que no hay que bajar la cabeza porque todo lo que es puede ser cambiado.

Yolanda PALLÍN
Dramaturga

Mater dolorosa

Dramatis personae

MISS PRIMER MUNDO
MISS UCRANIA
LA MADRE DE MISS PRIMER MUNDO
LA MADRE DE MISS UCRANIA
EL ENTREVISTADOR
UN PRESENTADOR
DIRECTOR
TÉCNICO
MAQUILLADOR
PELUQUERO
FALSA MADRE
FALSA PSICÓLOGA
ENTRENADORA DE SUELO PÉLVICO
SEGURIDAD
UN DOCTOR
OTRO DOCTOR
UNA ENFERMERA
OTRA ENFERMERA
LA MUJER QUE PAGÓ POR UN SUEÑO
LA DE LOS PAPELES DE ADOPCIÓN
LOS QUE HAN VENIDO A LA FIESTA
UNA MUJER CON BATA BLANCA
OTRA MUJER CON BATA BLANCA
CORO DE MUJERES COMPUESTO POR:
        MISS ESTADOS UNIDOS DE AMÉRICA
        MISS INDIA

Miss Kazajistán
Miss Reino Unido
Miss Portugal
Miss Canadá
Miss Grecia
Miss Albania
Miss Rusia
Miss Georgia

Notas previas a la lectura

Mater dolorosa puede ser representada por un mínimo de ocho actores o actrices.

Toda la información relacionada con la práctica de la gestación subrogada que aparece recogida en esta obra está documentada y sustentada por un proceso de investigación previo.

Mater dolorosa terminó de escribirse en la primavera de 2022.

I

La luz comienza a caer sobre el escenario. En el centro, un altar cubierto de flores que se desparraman hasta el último rincón de la escena, cubriendo todo el suelo. Y en el altar, un grupo de mujeres embarazadas que espera para contar su historia.
Miss Primer Mundo entra en escena abandonando toda la prisa que traía al toparse con el Coro de mujeres.

MISS PRIMER MUNDO.— ¿Es aquí lo de...?

El Coro de mujeres asiente.

¿Estáis esperando también para...?

Y de nuevo, el mismo movimiento de cabezas.
Desde el otro lado del escenario aparece El entrevistador.

EL ENTREVISTADOR.— Buenos días, ¿su nombre?

MISS PRIMER MUNDO.— ¿El mío?

EL ENTREVISTADOR.— Sí, claro, no veo a nadie más.

Miss Primer Mundo mira desconcertada al Coro de mujeres.

MISS PRIMER MUNDO.— Sara... Sara Gutiérrez.

EL ENTREVISTADOR.— Genial, la estábamos esperando. Pase por aquí, por favor.

Ambos se dirigen a proscenio, donde un micrófono espera para hacer retumbar la voz de Miss Primer Mundo.

Cuénteme, Sara, ¿por qué le interesa nuestra vacante?

MISS PRIMER MUNDO.— Bueno, yo... Llevo años formándome para un trabajo así. Cuando vi la oferta pensé que este era el sitio donde siempre quise trabajar.

EL ENTREVISTADOR.— ¿Tiene experiencia en el sector?

MISS PRIMER MUNDO.— Sí, claro. Está todo en el *curriculum* que les envié.

El Coro de mujeres alza en el aire papeles con letras que no vemos.

No sé si lo ha podido leer.

EL ENTREVISTADOR.— Recibimos muchas solicitudes al día, Sara.

Y el Coro de mujeres arruga las letras que no alcanzamos a ver.

MISS PRIMER MUNDO.— Ya, entiendo. Bueno, los últimos tres años he estado alternando trabajos relacionados con lo que piden.

EL ENTREVISTADOR.— Y, dígame, Sara, ¿a qué se debe tanto cambio?

Silencio.

Verá, nosotros buscamos a alguien que quiera quedarse aquí de manera indefinida, que esté dispuesto o dispuesta, en este caso, a comprometerse con nosotros. ¿Entiende lo que le digo?

MISS PRIMER MUNDO.— Sí, sí, claro. Y es lo que deseo, se lo puedo asegurar.

Silencio.

En los otros trabajos... Bueno, podría decirse que las condiciones no eran las mejores.

EL ENTREVISTADOR.— ¿Y qué condiciones está buscando, Sara?

MISS PRIMER MUNDO.— Pues... No sé, las normales, supongo. Un buen salario, un buen horario, posibilidades de crecer dentro de la empresa.

EL ENTREVISTADOR.— Ya veo, ya. ¿Qué edad tiene?

Silencio.

MISS PRIMER MUNDO.— Veintinueve años. Casi treinta, vamos... ¿Es un problema la edad?

EL ENTREVISTADOR.— Para nada. ¿Es usted madre?

MISS PRIMER MUNDO.— ¿Cómo dice?

EL ENTREVISTADOR.— ¿Que si tiene hijos?

MISS PRIMER MUNDO.— Pero eso es una pregunta personal...

EL ENTREVISTADOR.— No tiene por qué contestarla, claro.

Silencio.

MISS PRIMER MUNDO.— No, no tengo hijos.

EL ENTREVISTADOR.— ¿Está pensando en tenerlos?

El Coro de mujeres asiente a cámara lenta.

Verá, entendemos las aspiraciones personales de cada uno... Bueno, en este caso, de cada una... Y por supuesto, no nos queremos meter en su vida privada, pero estamos buscando a alguien que quiera comprometerse con la empresa al cien por cien. Si está pensando en ser madre, quizá este no sea su lugar. Perdone que sea tan directo, pero así ni usted ni yo perdemos el tiempo, ¿no le parece?

Silencio.

MISS PRIMER MUNDO.— No, no quiero ser madre.

EL ENTREVISTADOR.— Pues muchas gracias, Sara, ha sido todo.

MISS PRIMER MUNDO.— ¿No quiere saber nada más sobre mi vida laboral?

EL ENTREVISTADOR.— No, es suficiente. Nos pondremos en contacto con usted en cuanto tomemos una decisión. Gracias por todo.

Miss Primer Mundo y El entrevistador salen de escena, cada uno por su lado.

II

Las luces cambian de manera radical y una música tecno hace que los cuerpos embarazados del Coro de mujeres se dirijan hacia proscenio, donde todas comienzan a exhibir sus curvas al ritmo de la música.

Un presentador entra en escena y se coloca delante del micrófono para anunciar a cada uno de los cuerpos.

UN PRESENTADOR.— Con todos ustedes... ¡Miss Estados Unidos de América!

Ahora todo el escenario es una fiesta.

¡Miss India!

Una celebración.

¡Miss Kazajistán!

Un espectáculo.

¡Miss Reino Unido!

Ahora todo el escenario es un desfile de cuerpos que bailan.

¡Miss Portugal!

Un desfile de cuerpos que se contonean mostrando sus curvas.

¡Miss Canadá!

Que se contonean mostrando sus vientres.

¡Miss Grecia!

Sus vidas.

¡Miss Albania!

Cuerpos que llevan dentro otros cuerpos.

¡Miss Rusia!

Cuerpos que no les pertenecen.

¡Miss Georgia!

Cuerpos que entregarán a cambio de una vida.

Y por último...

Las suyas.

¡Miss Ucrania!

De pronto, la música se desvanece y todo en escena es quietud, es silencio.
Las miradas del Coro de mujeres se cruzan queriendo entender y Un presentador vuelve a reclamar a la miss desaparecida.

¡Miss Ucrania!

Silencio.

¡Miss Ucrania!

Pero Miss Ucrania no aparece y el Coro de mujeres sigue sin entender el motivo de esta ausencia.
Un presentador sale de escena desconcertado.

III

De pronto, el ruido de un teléfono rompe la quietud y el Coro de mujeres busca y encuentra entre las flores un cable. Y al otro lado del cable, el teléfono que no para de gritar. Ahora sí, Miss Ucrania entra en escena corriendo. El Coro de mujeres le entrega el aparato y vuelve al altar.

MISS UCRANIA.— ¡Viktor! *(...)* ¡Hola! *(...)* Bien, un poco cansada. *(...)* Sí, ayer me tuve que quedar hasta tarde. *(...)* Sí. *(...)* Sí, así sin avisar, como siempre, pero no puedo decirle que no, ya sabes... *(...)* Se quedó con mi madre. *(...)* Bueno, al menos la tenemos a ella. *(Al hijo que no vemos)* ¡Olek, es la hora de levantarse!

CORO DE MUJERES.— *(Susurrando)* Es la hora, Olek.

MISS UCRANIA.— ¿Tú cómo estás? *(...)* Sí. *(...)* Ya, ya. *(...)* Oye, ¿y qué pasó ayer? Te estuve llamando hasta tarde. *(...)* ¡Qué bien! *(...)* Espero que te paguen algo más que la última vez.

Silencio.

Joder, Viktor. ¿En serio? *(...)* Ya, ya lo sé. *(...)* Sí, perdona. *(...)* Ya sé que no es culpa tuya. *(A su hijo)* ¡Olek! Venga, por favor.

CORO DE MUJERES.— *(Susurrando)* Olek, venga.

MISS UCRANIA.— No, aún sigue en la cama. *(...)* Sí, está bien, aunque últimamente... *(...)* Ayer me preguntó si vendrías por su cumpleaños. *(...)* Que no. *(...)* ¿Y qué quieres que le diga? Es mejor que no te espere. *(...)* Ya, imagino que es lo normal. Sigue sin acostumbrarse a que no estés. *(A su hijo)* ¡Olek! La abuela está a punto de llegar.

CORO DE MUJERES.— *(Susurrando)* Olek, la abuela... Olek.

MISS UCRANIA.— Oye, tengo que colgar. *(...)* No te va a olvidar, pregunta siempre por ti. *(...)* Te echa de menos, sí. *(...)* Claro que yo también...

Silencio. Miss Ucrania intenta llenarse de aire.

Es solo que todo esto empieza a pesarme, Viktor. *(...)* Ya. *(...)* Bueno, no es fácil para ninguno. *(...)* Es que a veces siento que esto no es más que el inicio de algo que nunca terminará. *(...)* ¿Hasta cuándo, entonces? *(...)* ¿Y qué más tengo que hacer, Viktor?

La madre de Miss Ucrania entra en escena. Miss Ucrania tapa el teléfono con una mano queriendo proteger la poca intimidad que les queda.

Hola, mamá.

LA MADRE DE MISS UCRANIA.— ¿Y el niño?

MISS UCRANIA.— Sigue en la cama.

LA MADRE DE MISS UCRANIA.— Que llame a otra hora.

MISS UCRANIA.— Mamá...

La madre de Miss Ucrania sale a buscar a su nieto.

¿Viktor? *(...)* Mira, no quiero discutir ahora. *(...)* Sí, eso espero. *(...)* Yo solo quiero que estemos juntos... los tres. *(...)* ¿Mi madre también? *(...)* *(Ríe)* Eso tengo que verlo. *(...)* Ya, ya.

Silencio.

Te quiero.

Miss Ucrania cuelga el teléfono y las ganas de vivir.
La madre de Miss Ucrania entra de nuevo en escena.

LA MADRE DE MISS UCRANIA.— Ya se está vistiendo.

MISS UCRANIA.— Gracias, mamá.

LA MADRE DE MISS UCRANIA.— ¿Qué pasa con el desayuno?

MISS UCRANIA.— No hay mucho donde elegir.

Silencio.

LA MADRE DE MISS UCRANIA.— ¿Cuánto necesitas?

MISS UCRANIA.— Nada, mamá.

LA MADRE DE MISS UCRANIA.— Yevtsye...

MISS UCRANIA.— No empecemos otra vez, por favor.

LA MADRE DE MISS UCRANIA.— Deja que te ayude.

MISS UCRANIA.— Ya lo haces. *(A su hijo)* ¡Olek!

CORO DE MUJERES.— *(Susurrando)* Olek... Olek, date prisa.

LA MADRE DE MISS UCRANIA.— No podéis seguir así.

MISS UCRANIA.— Tú no puedes mantenernos, mamá.

LA MADRE DE MISS UCRANIA.— Si os vinierais a vivir a mi casa...

MISS UCRANIA.— Ya te he dicho que no, no insistas más.

LA MADRE DE MISS UCRANIA.— ¿Por qué eres tan cabezona?

MISS UCRANIA.— *(A su hijo)* ¡Olek, por favor!

CORO DE MUJERES.— *(Susurrando)* Por favor, Olek.

MISS UCRANIA.— *(A su hijo)* ¡No me hagas ir a buscarte!

CORO DE MUJERES.— *(Susurrando)* No le hagas ir a buscarte.

LA MADRE DE MISS UCRANIA.— El niño no tiene la culpa de nada, no le hables así.

MISS UCRANIA.— No te metas, mamá.

LA MADRE DE MISS UCRANIA.— A Olek le vendría bien vivir conmigo.

MISS UCRANIA.— ¿Qué estás insinuando?

LA MADRE DE MISS UCRANIA.— Pasas muchas horas en el supermercado.

MISS UCRANIA.— Intento ganarme la vida.

LA MADRE DE MISS UCRANIA.— Pero él te necesita, Yevtsye. También necesita a su padre... y si no puede teneros a ninguno de los dos, deja que yo me ocupe.

MISS UCRANIA.— ¡Basta!

Silencio.

Por favor, mamá.

Silencio.

No tengo fuerzas para esto. No ahora.

Silencio.

LA MADRE DE MISS UCRANIA.— Le compraré algo caliente de camino al cole.

MISS UCRANIA.— Gracias.

La madre de Miss Ucrania sale de escena. Miss Ucrania mira al Coro de mujeres durante unos segundos.

Yo no quiero ser como vosotras.

Miss Ucrania sale de escena con cierta prisa.

IV

Y también con cierta prisa, entra en escena Miss Primer Mundo. En el centro del escenario le espera un váter, pero antes de sentarse en él coloca en los bordes tiras de papel higiénico. Entre algún que otro suspiro, Miss Primer Mundo saca del bolso una prueba de embarazo. La abre y la mira volcando en ella hasta el último de sus deseos. Entonces se sienta y deja escapar sobre el test un chorro de pipí.

Ahora toca esperar, pero a los pocos segundos de silencio un par de golpes secos en la puerta que no vemos retumban por todo el espacio.

MISS PRIMER MUNDO.— Ocupado.

De nuevo el silencio, de nuevo la espera. Y los ojos de Miss Primer Mundo que se escapan queriendo saber antes de tiempo.
Ahora es el timbre de un teléfono el que retumba en el espacio. Miss Primer Mundo busca sin encontrar. El Coro de mujeres vuelve a tirar del cable y, al otro lado, el teléfono que grita.
El Coro de mujeres se acerca a Miss Primer Mundo, poniéndole el teléfono en la oreja.

¿Mamá? *(…)* ¿Qué pasa? *(…)* Ah, bien, bien. Aquí, en el curro. *(…)* Ya sé que es festivo, pero el jefe me pidió que viniera. *(…)* Otra vez, sí. *(…)* ¿Qué querías, mamá? *(…)* Pues no lo hemos hablado aún. *(…)* No, en principio no tenemos planes. *(…)* Sí, el domingo estaría bien, pero deja que le pregunte a Jorge y te confirmo. *(…)* Vale. *(…)* Mañana por la mañana como muy tarde. *(…)* ¿Hace falta que lleve algo?

Y la puerta vuelve a sonar.

Ya voy, perdón.

Mamá, tengo que colgar. Hablamos después. *(...)* Oye, y nada de sorpresas, ¿vale? *(...)* Ya sé que treinta y cinco no se cumplen todos los días, mamá. *(...)* Bueno, te conozco y no me extrañaría encontrarme allí a media familia. *(...)* Que no, mamá, de verdad. *(...)* Algo tranquilo y ya.

Miss Primer Mundo mira de reojo la prueba de embarazo. Y otra vez la puerta, otra vez dos golpes secos retumbando con más fuerza que antes.

Voy, voy, perdón.

Mamá, hablamos, ¿vale? *(...)* Sí, sí, no se me olvida. *(...)* Que sí, mamá. *(...)* Venga. *(...)* Vale. *(...)* Un beso. *(...)* Adiós, adiós. *(...)* Sí. *(...)* Te quiero. *(...)* Sí, adiós. *(...)* Adiós.

Miss Primer Mundo se levanta y coge la prueba de embarazo, clavando sus ojos en ella. El Coro de mujeres comienza a acercarse lentamente y el silencio y el tiempo parecen detenerse en un anhelo infinito.

Miss Primer Mundo sostiene la respiración y las ganas de soñar, pero el Coro de mujeres eleva su cuerpo y también sus deseos más profundos. El viaje dura lo que se tarda en imaginar una vida, pero otro golpe seco las devuelve al mundo real.

El Coro de mujeres deja caer el cuerpo de Miss Primer Mundo sobre el váter.

Ya voy...

Miss Primer Mundo quiere ir, pero ¿cuántos segundos son necesarios para asumir la derrota?

V

Un Técnico entra en escena y, en cuestión de segundos, monta un set de rodaje con dos sillones y una mesa. Aparece el Director seguido de la Falsa madre, la Falsa psicóloga, un Maquillador y un Peluquero.

DIRECTOR.— Vale, vamos a empezar. ¡Quiero todos los móviles apagados, por favor!

Todos en escena se toman unos segundos para apagar los móviles, incluido el Coro de mujeres.

(A la Falsa madre y la Falsa psicóloga) A ver, tú colócate aquí y tú aquí. Tomaos unos minutos para concentraros si lo necesitáis.

El Maquillador y el Peluquero hacen lo suyo, retocando hasta el último pelo, hasta la última pestaña.

(Al Técnico) El Coro de mujeres embarazadas tiene que estar de fondo en cada plano, ¿estamos?

TÉCNICO.— Sí, señor.

DIRECTOR.— ¡Dadme las luces de esta escena, por favor!

Las luces cambian, haciendo del momento algo íntimo.

Eso es, maravilloso. *(A la Falsa madre y la Falsa psicóloga)* ¿Preparadas? Vamos a empezar. ¡Todos prevenidos!

Una pantalla muestra lo que el Técnico va grabando.

¡Acción!

FALSA PSICÓLOGA.— Adelante, Loli, cuéntanos.

FALSA MADRE.— Pues... Mi historia es que es un poco larga. Yo empecé a querer ser madre hace algunos años ya. Problemas de fertilidad no tengo, la verdad. De hecho, he estado embarazada dos veces. Con el primero tuve un aborto en la semana diez y con el segundo, que eran mellizos, pues... Por una enfermedad metabólica que no se podía detectar durante el embarazo, mis hijos murieron a los pocos días de dar a luz.

FALSA PSICÓLOGA.— Vaya, lo siento. ¿Y qué pasó entonces, Loli? Cuéntanos.

DIRECTOR.— Vale, corten. Paramos un momento.

El Maquillador y el Peluquero se lanzan a retocar y a peinar.

(Al Técnico) Aquí vamos a necesitar un primerísimo primer plano de la madre.

FALSA PSICÓLOGA.— *(A la Falsa madre)* Lo estás haciendo muy bien.

FALSA MADRE.— Gracias.

DIRECTOR.— Vale, seguimos. ¿Te importa coger desde "mis hijos murieron a los pocos días de dar a luz"?

FALSA MADRE.— Está bien.

DIRECTOR.— Y si te viene la emoción, deja que fluya, esto es un entorno seguro, ¿vale? Siéntete en confianza.

FALSA MADRE.— Vale, gracias. *(A la Falsa psicóloga)* Qué profesionales, ¿no?

FALSA PSICÓLOGA.— Sí, la verdad es que sí.

DIRECTOR.— ¡Todos prevenidos!

Silencio.

¡Acción!

FALSA MADRE.— *(Visiblemente más afectada que la vez anterior)* Mis hijos murieron a los pocos días de dar a luz.

FALSA PSICÓLOGA.— Vaya, lo siento. ¿Y qué pasó entonces, Loli? Cuéntanos.

FALSA MADRE.— Decidimos ponernos en manos de una buena agencia de reproducción asistida. Fueron ellos los que nos hablaron de la selección embrionaria para poder tener hijos sanos que no murieran al nacer.

FALSA PSICÓLOGA.— Claro, ya veo, porque ¿quién no quiere tener hijos y, además, sanos?

DIRECTOR.— Vale, corten.

De nuevo, el Maquillador y el Peluquero acuden a retocar lo que no se ha movido.

(A la Falsa psicóloga) Vamos a repetir esta última intervención tuya pero mirando a cámara, ¿vale?

FALSA PSICÓLOGA.— Vale.

DIRECTOR.— *(Al Técnico)* ¿Lo tienes?

TÉCNICO.— Sí, señor.

FALSA MADRE.— *(A la Falsa psicóloga)* Tú también lo estás haciendo muy bien.

FALSA PSICÓLOGA.— Gracias.

DIRECTOR.— Vale, silencio. ¡Todos prevenidos!

Silencio.

¡Acción!

FALSA PSICÓLOGA.— Claro, ya veo, porque... *(Mirando a cámara)* ¿quién no quiere tener hijos y, además, sanos?

Silencio.

Y cuéntanos, Loli, el proceso ha sido largo y duro, ¿verdad?

FALSA MADRE.— Sí, mucho. A veces una quiere tirar la toalla, porque tú quieres ser madre ya, quieres serlo ahora. Y esperar un mes para ti es esperar un mundo. Pero, en verdad, yo ahora miro atrás y digo, pues tampoco ha sido para tanto.

FALSA PSICÓLOGA.— Así es, Loli. Esa es una frase muy real. Cuando una mujer desea ser madre no hay nadie que la pueda parar.

FALSA MADRE.— Claro, esa también es una frase muy cierta, Pili. Nos pueden poner mil piedras en el camino, pero nosotras, si tenemos un sueño, vamos a cumplirlo a tope.

FALSA PSICÓLOGA.— ¿Qué consejo le darías a las mujeres que están pensando en ponerse en manos de una agencia de reproducción asistida como la nuestra?

FALSA MADRE.— Pues que se dejen asesorar por el médico, que no tengan prisa y que... *(Mirando a cámara)* ¡Si tienes útero lo vas a conseguir!

FALSA PSICÓLOGA.— Perseverancia, claro que sí.

FALSA MADRE.— Perseverancia, eso es.

La Falsa psicóloga y la Falsa madre se echan unas risas.

FALSA PSICÓLOGA.— Pues muchas gracias, Loli, por compartir tu historia con nosotros. Ha sido un placer charlar contigo.

FALSA MADRE.— Gracias a ti, Pili, y a todo el equipo de profesionales que me ha acompañado y cuidado en este viaje.

FALSA PSICÓLOGA.— *(Mirando a cámara)* Este ha sido el sueño de Loli. ¿Cuál es el tuyo? ¿Hablamos?

Silencio.

DIRECTOR.— Corten. ¡Lo tenemos! Ha sido todo. ¡Muchas gracias!

El Técnico comienza a desmontar el set de rodaje tan rápido como lo montó.
La Falsa madre y la Falsa psicóloga se quitan las pelucas.

FALSA MADRE.— Encantada de conocerte.

FALSA PSICÓLOGA.— Lo mismo digo. A ver si coincidimos en más rodajes, ¿no?

FALSA MADRE.— Ojalá, porque ha sido muy guay currar contigo.

FALSA PSICÓLOGA.— Gracias, tía, también contigo, ¿eh? No es nada fácil lo que has hecho.

FALSA MADRE.— Gracias, me lo he preparado con mi *coach*.

FALSA PSICÓLOGA.— Qué bien, tía, porque se nota mucho el buen trabajo.

> *Y en este devenir de agasajos, todos salen de escena excepto el Coro de mujeres, que permanece en el altar.*

VI

Ahora el Coro de mujeres empieza a entonar el "Cumpleaños feliz" y de entre todas ellas aparece La Madre de Miss Primer Mundo, que lleva una tarta en las manos.
Miss Primer Mundo entra en escena con los ojos vendados.

MISS PRIMER MUNDO.— ¿Mamá? ¿Dónde estás?

Viene palpando el aire mientras sigue las voces del Coro de mujeres.

Te dije que no quería sorpresas... ¿Mamá?

Las voces del Coro de mujeres se van apagando y La madre de Miss Primer Mundo coloca la tarta delante de los ojos ciegos de su hija.

LA MADRE DE MISS PRIMER MUNDO.— Ya puedes mirar.

Miss Primer Mundo destapa sus ojos.

MISS PRIMER MUNDO.— Mamá... No tenías por qué, pero gracias.

LA MADRE DE MISS PRIMER MUNDO.— Que no se te olvide pedir un deseo.

Miss Primer Mundo mira fijamente las velas encendidas y sopla queriendo apagar con ellas hasta el último de sus miedos.

¿Qué has pedido?

MISS PRIMER MUNDO.— Ya lo sabes, mamá.

Silencio.

LA MADRE DE MISS PRIMER MUNDO.— ¿Qué tal está Jorge?

MISS PRIMER MUNDO.— Bien.

LA MADRE DE MISS PRIMER MUNDO.— Creía que vendría.

MISS PRIMER MUNDO.— Tenía que adelantar curro, ya sabes.

LA MADRE DE MISS PRIMER MUNDO.— Hija mía, siempre estáis trabajando y trabajando.

MISS PRIMER MUNDO.— Sí, es lo que tiene ser adultos.

LA MADRE DE MISS PRIMER MUNDO.— Pues no todo puede ser trabajar, Sara. Yo creo que te vendría muy bien una reducción de jornada o algo así.

MISS PRIMER MUNDO.— ¿Para qué, mamá?

LA MADRE DE MISS PRIMER MUNDO.— Es que el estrés no es bueno para lo que queréis.

MISS PRIMER MUNDO.— ¿Otra vez estás con lo mismo? No estoy estresada. Y las cosas llevan su tiempo.

LA MADRE DE MISS PRIMER MUNDO.— Hija, pero ¿cuánto?

MISS PRIMER MUNDO.— Pues no lo sé, mamá. ¿Qué prisa tienes tú?

Silencio.

LA MADRE DE MISS PRIMER MUNDO.— Ayer estuve hablando con tu tía.

MISS PRIMER MUNDO.— ¿Y?

LA MADRE DE MISS PRIMER MUNDO.— Te manda muchos besos.

MISS PRIMER MUNDO.— ¿Solo te llamó para eso?

LA MADRE DE MISS PRIMER MUNDO.— No, claro que no...

Miss Primer Mundo mira a su madre queriendo entender.

Tu prima está embarazada.

Silencio.

MISS PRIMER MUNDO.— Pero... Ella nunca ha querido ser madre.

LA MADRE DE MISS PRIMER MUNDO.— Sí, dice que ha sido... ¿Cómo lo llaman cuando...?

MISS PRIMER MUNDO.— De penalti.

LA MADRE DE MISS PRIMER MUNDO.— Eso es, de penalti. Que no sé por qué lo llaman así, la verdad.

MISS PRIMER MUNDO.— ¿Qué edad tiene la prima?

LA MADRE DE MISS PRIMER MUNDO.— Veintitantos.

Silencio.

Es que has esperado demasiado, hija.

El Coro de mujeres comienza a susurrar las palabras que hieren, haciéndolas retumbar hasta el último rincón.

CORO DE MUJERES.— Demasiado... Has esperado demasiado...

LA MADRE DE MISS PRIMER MUNDO.— Y el tiempo pesa sobre nuestros cuerpos.

CORO DE MUJERES.— El tiempo pesa... Demasiado...

LA MADRE DE MISS PRIMER MUNDO.— Mientras nuestros deseos se hacen más y más profundos.

CORO DE MUJERES.— Nuestros deseos más profundos.

LA MADRE DE MISS PRIMER MUNDO.— Y eso tiene un precio, corazón.

CORO DE MUJERES.— El tiempo tiene un precio.

Silencio.

LA MADRE DE MISS PRIMER MUNDO.— ¿Habéis pensado en buscar ayuda?

MISS PRIMER MUNDO.— Sí, claro que lo hemos pensado.

LA MADRE DE MISS PRIMER MUNDO.— ¿Y?

Silencio.

Sara, si el dinero es un problema yo podría...

MISS PRIMER MUNDO.— No es por el dinero, mamá.

LA MADRE DE MISS PRIMER MUNDO.— ¿Entonces?

MISS PRIMER MUNDO.— Pues que no es un proceso sencillo... Hay que medicarse, pincharse...

LA MADRE DE MISS PRIMER MUNDO.— Pero tú quieres ser madre, ¿no?

MISS PRIMER MUNDO.— Más que nada en este mundo, mamá. Aunque...

Silencio.

LA MADRE DE MISS PRIMER MUNDO.— ¿Qué, hija?

MISS PRIMER MUNDO.— Pues que a veces no sé si este deseo me pertenece.

LA MADRE DE MISS PRIMER MUNDO.— ¿Qué quieres decir con eso?

MISS PRIMER MUNDO.— Nada, mamá... Da igual.

Silencio

Tengo que irme.

LA MADRE DE MISS PRIMER MUNDO.— ¿Ya? Pero hija...

Miss Primer Mundo sale de escena seguida por su madre. La tarta ha quedado abandonada en mitad del escenario.

VII

Miss Ucrania entra en escena con más prisa que cuidado. Trae un regalo entre las manos. El Coro de mujeres la observa mientras La madre de Miss Ucrania aparece por el otro lateral.

MISS UCRANIA.— ¡Mamá!

Todas en escena contemplan la tarta abandonada.

Llego tarde, ¿verdad?

Silencio.

Dime que, por lo menos, no está dormido.

Silencio.

LA MADRE DE MISS UCRANIA.— ¿Qué es eso?

MISS UCRANIA.— Un regalo para Olek.

LA MADRE DE MISS UCRANIA.— ¿De dónde lo has sacado?

MISS UCRANIA.— De la tienda.

Silencio.

LA MADRE DE MISS UCRANIA.— ¿Lo has robado, Yevtsye?

Silencio.

¡No me lo puedo creer!

MISS UCRANIA.— No podía venir sin nada, mamá.

LA MADRE DE MISS UCRANIA.— Vas a perder el único trabajo que tienes.

MISS UCRANIA.— No se darán cuenta.

LA MADRE DE MISS UCRANIA.— ¿A dónde va a llegar todo esto, hija?

MISS UCRANIA.— ¿Qué querías que hiciera?

LA MADRE DE MISS UCRANIA.— Haber llegado a tiempo no hubiera estado mal.

MISS UCRANIA.— Me pidió que echara más horas. Necesito ese dinero.

LA MADRE DE MISS UCRANIA.— Es tu hijo quien te necesita.

MISS UCRANIA.— Hago lo que puedo, mamá.

LA MADRE DE MISS UCRANIA.— No es suficiente, Yevtsye.

MISS UCRANIA.— ¿Y qué más tengo que hacer? Vamos, dime, tú que parece que lo sabes todo.

LA MADRE DE MISS UCRANIA.— Veníos a vivir conmigo.

MISS UCRANIA.— ¡No puedo, mamá! Esta también es la casa de Viktor.

LA MADRE DE MISS UCRANIA.— Él no está aquí y de momento no parece que vaya a volver.

MISS UCRANIA.— Lo hará.

LA MADRE DE MISS UCRANIA.— ¿Y cuándo será eso, Yevtsye? ¿Mañana? ¿El mes que viene? ¿Dentro de un año?

MISS UCRANIA.— No lo sé.

LA MADRE DE MISS UCRANIA.— Ese es el problema, hija, que no sabes cuánto durará esto y tu hijo te necesita ahora. No mañana ni el mes que viene, Yevtsye, ahora. Si os vinierais a vivir a mi casa no tendrías que echar tantas horas en el trabajo y podrías pasar más tiempo con Olek. Él te necesita.

Silencio.

MISS UCRANIA.— ¿Ha pedido un deseo?

LA MADRE DE MISS UCRANIA.— ¿Qué?

MISS UCRANIA.— Que si Olek ha pedido un deseo al soplar las velas.

LA MADRE DE MISS UCRANIA.— Sí.

MISS UCRANIA.— ¿Y qué ha pedido?

Silencio.

¡Dímelo, mamá!

LA MADRE DE MISS UCRANIA.— Que sus padres estuvieran aquí con él.

Miss Ucrania rompe a llorar, regando las flores que la sostienen.

Vendré mañana para llevarlo al colegio. Os he comprado algo de comida, está en el armario.

La madre de Miss Ucrania sale de escena. El Coro de mujeres mira el cuerpo arrodillado de Miss Ucrania.

MISS UCRANIA.— ¡Dejad de mirarme!

Silencio.

Yo no quiero ser...

Miss Ucrania sale de escena.

VIII

Ahora es el momento de la Entrenadora de suelo pélvico. Ahora es el momento de la preparación al parto y diez pelotas de pilates invaden el espacio mientras Miss Ucrania desaparece por un lateral.

ENTRENADORA DE SUELO PÉLVICO.— ¡Vamos allá, chicas!

El Coro de mujeres se coloca en las posiciones que ya conoce.

Ya no queda nada para el gran día y, como sabéis, toda preparación es...

CORO DE MUJERES.— Poca.

ENTRENADORA DE SUELO PÉLVICO.— ¡Eso es! Nos sentamos encima de nuestra pelota.

El Coro de mujeres hace lo que se manda.

(A Miss Kazajistán) ¡Uy, hija mía, si estás a punto de caramelo! Tú mejor observa porque, con esa barriga, Dios sabe lo que puede pasar. Y como siempre os recuerdo, lo más importante aquí es...

CORO DE MUJERES.— Mantener la seguridad del bebé.

Miss Kazajistán vuelve al altar.

ENTRENADORA DE SUELO PÉLVICO.— ¡Eso es! Comenzamos inspirando por la nariz y exhalando por la boca como si quisiéramos apagar una vela.

Todas cumplen. Todas exhalan.

Y a la que exhalamos, contraemos los músculos del suelo pélvico tan fuerte como podamos. ¡Eso es! Cinco, cuatro, tres, dos y... ¡Soltamos! Una vez más. Inspiramos y exhalamos contrayendo los músculos. Eso es... Tres, dos y... ¡Soltamos! Muy bien, chicas. Vamos ahora con unos balanceos hacia delante y hacia atrás.

Todos los cuerpos comienzan a balancearse.

¡Eso es! Estos movimientos son muy importantes para ayudar al bebé a colocarse en posición. Y como siempre os digo, bebé bien encajado...

CORO DE MUJERES.— Buen parto asegurado.

ENTRENADORA DE SUELO PÉLVICO.— ¡Eso es! Y ahora vamos al suelo, chicas.

El Coro de mujeres obedece, llevando sus cuerpos al suelo con gran dificultad.

Colocamos las piernas encima de nuestra pelota.

Y las piernas se colocan.

Inspiramos y, a la que exhalamos, levantamos la pelvis al cielo. ¡Vamos allá!

Los cuerpos quieren alzarse, pero la gravedad los supera y apenas pueden separar sus pelvis del suelo.

No nos olvidemos de respirar, chicas. ¡Eso es! Un poco más arriba, un poco más... ¡Vamos, vamos!

Miss Reino Unido desiste entregando su cuerpo al suelo.

MISS REINO UNIDO.— ¿Seguro que esto es bueno para mi bebé?

Y de pronto todas dejan caer sus cuerpos en un golpe seco. Las miradas se clavan en Miss Reino Unido, que no entiende que la gravedad ya no está en la pelvis.

ENTRENADORA DE SUELO PÉLVICO.— ¿Qué has dicho?

MISS REINO UNIDO.— Es que no sé si tanto esfuerzo...

El Coro de mujeres se levanta entre susurros.

CORO DE MUJERES.— Mi bebé...

MISS REINO UNIDO.— Quiero decir que igual no es bueno para...

ENTRENADORA DE SUELO PÉLVICO.— ¿Has dicho "mi bebé"?

MISS REINO UNIDO.— Perdón, no quería decir... O sea, ya sé que no es mi bebé, que este o esta... Bueno, que "esto" no es mío. Yo solo...

CORO DE MUJERES.— Ha dicho "mi bebé".

MISS REINO UNIDO.— Me he equivocado.

CORO DE MUJERES.— "Mi bebé"...

ENTRENADORA DE SUELO PÉLVICO.— ¿Este bebé nos pertenece?

CORO DE MUJERES.— ¡No!

MISS REINO UNIDO.— Ya sé que no, solo ha sido un error.

ENTRENADORA DE SUELO PÉLVICO.— ¿Este bebé es nuestro?

CORO DE MUJERES.— ¡No!

MISS REINO UNIDO.— No quería decir...

ENTRENADORA DE SUELO PÉLVICO.— ¡Seguridad!

MISS REINO UNIDO.— Por favor... No quería decir "mi bebé". Ha sido un error, un fallo que no volverá a suceder.

ENTRENADORA DE SUELO PÉLVICO.— Por supuesto que no volverá a suceder.

Seguridad entra en escena y se lleva a rastras a Miss Reino Unido, que, entre gritos, implora perdón hasta el último momento. Después se hace el silencio y la Entrenadora de suelo pélvico inspira y exhala como si estuviera apagando una vela.

¿Alguien más se ha levantado con ganas de reclamar sus derechos?

Silencio.

Como siempre os digo, todo esto es...

CORO DE MUJERES.— Por nuestro bien.

Silencio.

ENTRENADORA DE SUELO PÉLVICO.— Gracias, chicas. Lo dejamos aquí.

Silencio.

Y recordad que este es el mayor acto de amor que una mujer puede hacer por otra persona.

La Entrenadora de suelo pélvico sale de escena. El Coro de mujeres vuelve al altar, vuelve a la espera.

IX

Miss Primer Mundo entra en escena vestida con un camisón de hospital. El tiempo parece detenerse cuando repara en el Coro de mujeres.

MISS PRIMER MUNDO.— ¿Es aquí lo de...?

El Coro de mujeres asiente.

¿Estáis esperando también para...?

Y de nuevo, el mismo movimiento de cabezas. Un doctor entra en escena arrastrando una camilla.

UN DOCTOR.— ¿Cómo está hoy?

MISS PRIMER MUNDO.— ¿Es a mí?

UN DOCTOR.— Claro, no veo a nadie más.

Miss Primer Mundo mira desconcertada al Coro de mujeres.

MISS PRIMER MUNDO.— Pues no le sabría decir, la verdad.

UN DOCTOR.— ¿Y eso? Vaya tumbándose, por favor.

Miss Primer Mundo hace lo que se le pide, siempre con más miedo que esperanzas.

MISS PRIMER MUNDO.— La medicación, ya sabe... Tan pronto siento que amo la vida como que me dejaría caer desde un séptimo piso.

UN DOCTOR.— Ya sabe que todo eso entra dentro de lo normal.

MISS PRIMER MUNDO.— Sí, sí, lo sé, pero una nunca se acostumbra.

Miss Primer Mundo lleva la mirada al Coro de mujeres.

¿Las alucinaciones también entran dentro de lo normal?

UN DOCTOR.— Bueno, no sería la primera vez que vemos un caso así. Este tipo de procedimientos no deja indiferente a nadie y es muy fácil caer en pensamientos obsesivos.

Silencio.

¿Ha pensado en pedir ayuda psicológica?

MISS PRIMER MUNDO.— No, no, no hace falta. Estoy bien.

UN DOCTOR.— ¿Cuántas veces llegó a pasar por el proceso de inseminación?

MISS PRIMER MUNDO.— Dos. Pero, como ve, ninguna funcionó.

Silencio.

Solo espero que la fecundación *in vitro* sea más efectiva.

UN DOCTOR.— Usted no pierda la esperanza. Yo siempre le digo a mis pacientes que lo único imposible es aquello que no intentas.

Miss Primer Mundo se deja hacer mientras Un doctor le coloca una máscara de anestesia que hace retumbar su respiración por todo el espacio.

Intente respirar con normalidad y no se preocupe, todo irá bien.

Miss Primer Mundo.— ¿Puede prometerlo?

Un doctor.— Le puedo prometer que lo intentaré.

Y en cuanto Miss Primer Mundo cruza el umbral de la realidad, una música de Semana Santa comienza a inundar la escena.
Ahora, Una enfermera aparece entre el Coro de mujeres. Lleva en sus manos una placa de Petri con el óvulo fecundado de Miss Primer Mundo.
El Coro de mujeres comienza a agasajar al recién llegado entre susurros que retumban por el espacio.

Coro de mujeres.— Mirad qué cosa tan pequeña. Se parece a la madre. Y qué de pelo tiene ya. Yo diría que se parece más al padre. No, no, esos ojos son de ella. Tienen la misma mirada cargada de sueños. Pero qué cosita más linda. Y qué buenos genitales. No hay duda de que es un niño. Pues yo diría que es una niña. ¿Tú crees? Claro que sí, míralo desde aquí.

El Coro de mujeres acompaña en procesión a Una enfermera hasta llegar al lado de Miss Primer Mundo.

Miss Primer Mundo.— ¿Qué es eso?

Un doctor.— Es su criatura. ¿No la reconoce?

Miss Primer Mundo se incorpora para observar de cerca lo que Una enfermera lleva entre sus manos.

MISS PRIMER MUNDO.— ¿Es una niña?

Un doctor acerca la mirada a la placa para comprobarlo.

UN DOCTOR.— Yo diría que sí, aunque con esos genitales... ¿Quiere cogerla?

MISS PRIMER MUNDO.— ¿Puedo?

UN DOCTOR.— Claro, es su hija.

Una enfermera le entrega la placa de Petri y Miss Primer Mundo sostiene el sueño de toda una vida.

MISS PRIMER MUNDO.— Pero, entonces, ¿ya soy madre?

UN DOCTOR.— Lo es desde el primer día que lo deseó.

Y Miss Primer Mundo se deja llevar por la emoción del momento.

¿Está preparada?

Silencio.

MISS PRIMER MUNDO.— Siempre lo he estado.

La música retumba por todo el escenario con más fuerza que antes. Y como si de un ritual se tratase, Miss Primer Mundo recoge entre sus piernas el óvulo fecundado.
Llegados al final de la ceremonia, la música se desvanece y todos vuelven a la realidad menos Miss Primer Mundo, que es sacada de escena por Un doctor y Una enfermera que van meciendo sus sueños al ritmo de las últimas notas.

X

Miss Ucrania entra vestida también con un camisón de hospital. Viene con pocas ganas y muchas dudas. El tiempo se detiene cuando su mirada se cruza con la del Coro de mujeres.

MISS UCRANIA.— Yo no quiero...

Y en ese momento aparece Otro doctor arrastrando una camilla.

OTRO DOCTOR.— ¿Está ya preparada?

MISS UCRANIA.— Sí...

OTRO DOCTOR.— Pues vaya tumbándose aquí, por favor.

Y Miss Ucrania hace lo que se le pide.

¿Y cómo dice que supo de nosotros?

MISS UCRANIA.— Una amiga me habló de esta clínica. Aunque no hubiese hecho falta, aquí todo el mundo les conoce.

OTRO DOCTOR.— ¡Eso espero! ¿Le han tomado ya muestras de sangre?

MISS UCRANIA.— Sí, hace un momento.

OTRO DOCTOR.— ¿Y de orina?

MISS UCRANIA.— También.

OTRO DOCTOR.— Está bien. Coloque el culo en el borde de la camilla, por favor. Eso es, un poco más... Más, más, más... Ahí está bien.

Ahora Otro doctor empieza a accionar entre las piernas de Miss Ucrania.

¿Última regla?

MISS UCRANIA.— Hace dos semanas.

OTRO DOCTOR.— ¿Es regular?

MISS UCRANIA.— Sí.

OTRO DOCTOR.— ¿Flujo?

MISS UCRANIA.— ¿Cómo?

OTRO DOCTOR.— Que cómo es el flujo de su menstruación.

MISS UCRANIA.— No lo sé. ¿Cómo tiene que ser?

Silencio.

OTRO DOCTOR.— No se preocupe. ¿Infecciones recurrentes?

MISS UCRANIA.— No.

OTRO DOCTOR.— ¿Con qué edad tuvo a su hijo?

MISS UCRANIA.— Con diecisiete.

OTRO DOCTOR.— ¿Algún aborto desde entonces?

MISS UCRANIA.— No.

OTRO DOCTOR.— Ahora necesito que no se mueva, le voy a tomar unas muestras y puede que le moleste un poco.

Miss Ucrania cierra los ojos queriendo huir de ese momento. El Coro de mujeres le presta la voz al hijo que no vemos.

CORO DE MUJERES.— ¡Mamá!

MISS UCRANIA.— Olek, mi amor.

CORO DE MUJERES.— ¿Qué hago aquí, mamá?

MISS UCRANIA.— Cuando cierro los ojos, tú siempre estás al otro lado, Olek. Solo así puedo estar junto a ti cuando estoy lejos.

CORO DE MUJERES.— Pero yo no quiero estar en este lado, mamá. Quiero estar contigo...

MISS UCRANIA.— Lo sé, mi amor... Quizá pronto cambien las cosas.

Silencio.

¿Qué tal con la abuela? ¿Qué habéis hecho?

CORO DE MUJERES.— Hemos estado dibujando. ¿Quieres verlo?

MISS UCRANIA.— ¿Por qué no me lo cuentas para que pueda imaginarlo?

CORO DE MUJERES.— He dibujado el mar y una playa de arena donde jugamos papá, tú y yo.

Silencio.

MISS UCRANIA.— ¿Te gustaría conocer el mar, Olek?

CORO DE MUJERES.— ¿Podemos?

OTRO DOCTOR.— ¡Ya está! ¿Le ha dolido mucho?

MISS UCRANIA.— No...

OTRO DOCTOR.— Pues ha sido todo por mi parte.

Miss Ucrania se baja de la camilla con dificultad.

Si sangra un poco no se asuste, es lo normal. En unos días la llamarán para comunicarle si es apta o no. Le deseo mucha suerte.

MISS UCRANIA.— Gracias.

Otro doctor sale llevándose la camilla vacía. Miss Ucrania permanece unos segundos más en escena y vuelve a cerrar los ojos.

¿Olek?

CORO DE MUJERES.— Mamá...

MISS UCRANIA.— Te prometo que voy a hacer todo lo posible para que volvamos a estar juntos los tres.

Miss Ucrania abre los ojos y sale de escena.

XI

Y rompiendo con todo lo anterior, entran el Director y el Técnico, seguidos del Maquillador y el Peluquero.

DIRECTOR.— Vale, chicas. En primer lugar, gracias a todas por venir.

Los cuatro se quedan observando al Coro de mujeres, que ahora lleva en el pecho dorsales con números para que las identifiquen.

Vamos con los números ciento quince, doscientos cuatro y ciento setenta y seis.

Miss Rusia, Miss Georgia y Miss Albania bajan del altar y el Peluquero y el Maquillador se lanzan sobre ellas para colocarles pelucas rubias y retocarles hasta la última imperfección.

Vale, primero os presentáis de una en una diciendo vuestro número y girando sobre vosotras mismas para mostrar los perfiles, ¿estamos? Y después solo tenéis que leer el texto que sale en pantalla. Lo más importante de todo es que lo digáis con naturalidad, con verdad, como si estas palabras fueran vuestras, ¿ok?

Las mises no saben muy bien qué decir, pero todas asienten mientras el Peluquero y el Maquillador hacen lo suyo.

(Al Técnico) Vale, como antes, quiero al Coro de mujeres de fondo en todo momento. ¿Estamos?

TÉCNICO.— Sí, señor.

El Técnico hace lo suyo, prepara la cámara que nos mostrará lo que se va a grabar.

DIRECTOR.— ¡Dadme las luces de esta escena, por favor!

Y las luces cambian, volviendo a hacer del momento algo íntimo.

Eso es, maravilloso. *(Al Maquillador y al Peluquero)* ¿Están ya preparadas?

Ambos asienten.

Perfecto. *(A las mises)* No hay dudas, ¿verdad? Vamos allá, entonces. Tú colócate aquí, tú aquí y tú aquí.

Y las mises obedecen.

(Señalando un punto en el horizonte) Esa es vuestra pantalla, ¿estamos? Vale, pues empezamos. Silencio. ¡Todos prevenidos!

Silencio.

¡Acción!

MISS RUSIA.— Yo soy el número ciento quince y estos son mis perfiles.

Miss Rusia gira sobre ella misma, mostrando sus perfiles a cámara.

MISS GEORGIA.— Yo soy la doscientos cuatro y estos son mis perfiles.

Miss Georgia repite los giros y los movimientos.

MISS ALBANIA.— Yo soy la ciento...

Pero Miss Albania necesita mirarse el dorsal para recordar.

Ciento setenta y seis y estos son mis perfiles.

Y también gira y se muestra.
Ahora todas miran al horizonte, leyendo las palabras que nosotros no vemos.

Miss Rusia.— "Mi hermana pasó por el proceso de gestación antes que yo. Ella fue quien me recomendó esta clínica".

Miss Albania no alcanza a ver bien lo que está escrito en la pantalla, por lo que se adelanta un poco.

Miss Albania.— "Yo lo hice por mi hija, para poder darle un futuro mejor".

Miss Georgia.— "Para mí es un regalo entregar tanta felicidad a otras familias".

Miss Rusia.— "Hemos preparado nuestros cuerpos para gestar gracias a los medicamentos que nos dan aquí".

Miss Albania.— "Al principio, sufrí taxi... toxi...".

Pero la palabra se atasca en la boca de Miss Albania.

¿Qué pone ahí? Es que no veo bien...

Miss Georgia.— *(Entre susurros)* Toxicosis...

Miss Albania.— Ah... "Al principio, sufrí toxicosis, pero después todo ha ido bien, gracias a Dios".

Silencio. Miss Georgia le da un golpe disimulado a Miss Albania para recordarle que aún le quedan palabras por decir.

Ay, perdón... *(Leyendo)* "No tengo dolores, la barriga es pequeña... ¡Estoy muy bien!".

MISS RUSIA.— "El embarazo tiene momentos difíciles, sobre todo el mío porque son gemelos, pero la clínica nos da todo lo que necesitamos para nuestra salud".

MISS GEORGIA.— "Todo el personal es muy amable. Te preguntan siempre cómo estás, qué necesitas".

MISS ALBANIA.— *(Leyendo con poca naturalidad)* "El personal es muy bueno, sí".

MISS GEORGIA.— "Hay enfermeras, psicólogos... Puedes dirigirte a ellos en cualquier momento que lo necesites".

MISS RUSIA.— "Nos tratan muy bien, nos hacen sentir importantes".

MISS GEORGIA.— "Contactamos con los padres a través de la traductora. Tenemos una comunicación muy interesante".

MISS ALBANIA.— "Existen multas para velar por la seguridad de los bebés". *(A las otras mises)* Eso es verdad, ¿eh?

MISS GEORGIA.— "Ponen multas por fumar o por incumplimiento de las recomendaciones médicas".

MISS RUSIA.— "Todas sabemos que el bebé que llevamos dentro no es nuestro y que debemos ser muy responsables".

Silencio. De nuevo, un golpe disimulado le recuerda a Miss Albania que es su turno.

MISS ALBANIA.— "¡A mí no me han multado nunca!".

MISS GEORGIA.— "Todas vinimos aquí con el único objetivo de ayudar a otras personas".

MISS RUSIA.— "Al estar juntas, nada parece tan difícil".

MISS GEORGIA.— "Somos como una gran familia de mujeres embarazadas".

MISS ALBANIA.— "Yo no querría perder el contacto con ninguna de ellas". *(Para sí misma)* Bueno, con alguna no te digo yo que...

MISS RUSIA.— "En el apartamento somos todas muy amigas".

MISS GEORGIA.— "Hacemos juntas las comidas, la compra...".

MISS ALBANIA.— "¡No me siento explotada! Lo hago por mí".

MISS GEORGIA.— "Y para poder ayudar a otras familias".

MISS ALBANIA.— *(Opinando sobre lo que ha dicho Miss Georgia)* Sí, a otras familias también, claro.

MISS RUSIA.— "No veo nada malo en esto".

MISS GEORGIA.— "Nosotras sabemos a lo que venimos".

MISS RUSIA.— "Esto no es una explotación, estamos dando este paso libremente".

MISS ALBANIA.— *(Que ríe al leer lo que tiene que decir)* "¡Somos libres!".

MISS GEORGIA.— "Y además ayudamos a otras personas".

MISS RUSIA.— "Estamos entregando felicidad".

MISS GEORGIA.— "Los bebés son felicidad".

Silencio.

MISS ALBANIA.— "Somos el milagro que hace posible que otros cumplan sus sueños".

DIRECTOR.— ¡Corten! Vale, con esto es suficiente. Ya las llamaremos, gracias.

Y tal como entraron, salen el Director y el Técnico seguidos del Maquillador y el Peluquero.

Miss Rusia, Miss Albania y Miss Georgia siguen plantadas en el centro del escenario, todavía con la mirada clavada en la pantalla que no vemos.

MISS ALBANIA.— "Somos el milagro que hace posible que otros cumplan sus sueños...".

Silencio.

¿Quién habrá escrito esto?

MISS GEORGIA.— Ni idea...

Miss Rusia, Miss Albania y Miss Georgia vuelven al altar junto al Coro de mujeres, donde todas se desprenden de los dorsales.

XII

El sonido de un teléfono comienza a retumbar en el espacio y, una vez más, el Coro de mujeres se pone a rebuscar entre las flores el cable que las lleve al otro lado. Pero esta vez el grito del teléfono se prolonga sin que nadie logre dar con él.
Miss Primer Mundo entra en escena con la desesperación clavada en el pecho.

MISS PRIMER MUNDO.— ¿Dónde está? ¿Y el teléfono?

El Coro de mujeres la mira hundiendo las cabezas entre los hombros.

¡Seguid buscando, por favor! Es una llamada importante...

Todas unen fuerzas para buscar.

Tiene que aparecer.

Pero nadie encuentra.

Creo que suena por aquí. ¿No lo oís?

Y el sonido sigue retumbando en cada rincón.

Tiene que estar muy cerca.

De pronto, un cable desciende desde las alturas y con él, el teléfono que grita.

¡Ahí está!

Miss Primer Mundo se acerca queriendo alcanzarlo, pero le faltan centímetros.

¡Ayudadme, vamos, no os quedéis mirando!

El Coro de mujeres se acerca corriendo para levantar el cuerpo de Miss Primer Mundo.

¡Un poco más!

Miss Primer Mundo estira los brazos y hasta el último de sus dedos queriendo hacerse con el teléfono.

Más... más.

Y por fin consigue llevarse el teléfono al oído.

¿Sí? *(...)* Sí, soy yo. *(...)* Bien, bien, estoy bien. *(...)* Sí, dígame. *(...)* No, no, estoy sola ahora mismo, pero no importa. *(...)* Sí, estoy segura. *(...)* Oiga, ¿quiere hacer el favor de decirme lo que sea de una vez?

El silencio se prolonga más de lo normal.

¿Cómo? *(...)* ¿Lo dice en serio? *(...)* No se estará equivocando, ¿no? *(...)* ¿Podría repetirlo?

Silencio.

Voy a ser... mamá.

Y entregándose al placer de haberlo conseguido, Miss Primer Mundo deja que el Coro de mujeres pasee su cuerpo por todo el espacio.

¿Lo habéis escuchado? Voy a ser mamá. ¡Voy a ser madre! Hay un ser creciendo en mi vientre. ¿No es alucinante? Mi cuerpo no estaba roto. Mi cuerpo no era imperfecto... Y ahora hay alguien al otro lado de mi piel. No me lo puedo creer... ¡Voy a ser...!

Pero entonces otro teléfono baja desde las alturas sonando con fuerza y en el escenario todas las respiraciones se detienen de golpe. El Coro de mujeres deja lentamente el cuerpo de Miss Primer Mundo de vuelta en la tierra. Miss Primer Mundo se dirige al teléfono que cuelga de un cable infinito, pero antes de cogerlo mira al Coro de mujeres durante unos segundos.

¿Sí?

Silencio.

¡Mamá! *(...)* Sí, me acaban de llamar.

Miss Primer Mundo rompe a llorar.

Voy a ser madre... *(...)* ¡Estoy embarazada! ¿Te lo puedes creer, mamá? *(...)* ¡Por fin se cumplió mi sueño! *(...)* Ha funcionado, sí. *(...)* Claro que ha merecido la pena. Volvería a pasar por todo una y mil veces más. *(...)* No, aún no he hablado con él, no me ha dado tiempo.

Y de nuevo, otro teléfono que desciende desde lo más alto.

Mamá, tengo que dejarte. Creo que me está llamando Jorge. *(...)* Sí, después hablamos.

Miss Primer Mundo deja un teléfono para lanzarse a por el otro con la emoción latiéndole en los ojos.

¿Amor? *(...)* Sí... ¡Vas a ser papá! Vamos a ser padres. *(...)* Te lo juro, me acaban de llamar para decirme que el embrión ha agarrado bien y que está todo perfecto. *(...)* ¿Te lo puedes creer? *(...)* Te quiero.

(...) Pues se supone que de un mes y poco más, pero te juro que ya siento el latido de su corazón.

Y otro teléfono que se descuelga sobre el escenario.

Amor, un momento.

Miss Primer Mundo alcanza el otro teléfono con la mano que tiene libre.

¿Sí? (...) Hola, tita. (...) Sí, estoy embarazada. ¿Qué te parece? (...) Claro, díselo a la prima y a quien quieras. (...) Sí, sí, claro. (...) Estamos muy felices. (...) Gracias, tita.

Ahora dos teléfonos más descienden desde lo alto, pero Miss Primer Mundo vuelve para hablar con su pareja.

¿Amor? (...) Sí, mi madre, que ya habrá llamado a toda la familia, claro.

Y siguen descendiendo teléfonos que suenan aquí y allá.

Amor, espera.

Y Miss Primer Mundo disfruta contándole al mundo la gran noticia.

¡Hola! (...) Sí, como lo oyes. (...) ¡Voy a ser madre! (...) ¿El nombre? Pues es que no nos ha dado tiempo ni siquiera a pensarlo.

Y el escenario se convierte en un laberinto de cables que descienden desde lo más alto, mientras Miss Primer Mundo y los teléfonos bailan un vals sin música.

¿Amor? (...) Oye, tendremos que ir pensando en un nombre. (...) Sí, claro, uno de niña y otro de niño.

Y un, dos, tres...

¿Hola? *(...)* Sí, estamos muy felices, gracias.

Y un, dos, tres...

¿Sí? *(...)* ¿Mamá? *(...)* Sí, dime. *(...)* No, no, nada de fiestas.

Y un, dos, tres...

¡Hombre, prima! *(...)* A ver, un poco asustados sí que estamos.

Y un, dos, tres...

Dígame. *(...)* No, aún no hemos pensado si queremos ir a por el segundo, la verdad.

Y un, dos, tres...

¿Sí? *(...)* Mamá, ¿otra vez? *(...)* No, no he pensado en qué hospital quiero parir. *(...)* Vale, vale, mañana hacemos una lista.

Y de pronto, un dolor atraviesa el cuerpo de Miss Primer Mundo. Todo en escena parece suspenderse por un instante, pero hay que seguir, hay que seguir... Y un, dos, tres...

Loli, ¿qué tal? *(...)* Ha merecido la pena, sí.

Y un, dos, tres...

¿Sí? *(...)* ¿Antonio? *(...)* Ahora mismo no caigo, pero gracias por llamar.

Y un, dos... Y de nuevo el dolor, de nuevo el pinchazo atravesando el cuerpo, de nuevo el tiempo suspendido entre los teléfonos que cuelgan en el aire. Pero hay que seguir, hay que seguir. Y un, dos, tres...

¡Hola! *(...)* Mamá, qué pesada estás... *(...)* No, no, nada de nombres compuestos...

Y un, dos... Solo hay que seguir un poco más.

Sí, el que la sigue la consigue, eso me han dicho siempre.

Y un... Solo un poco.

Amor, ¿qué te parece si la llamamos...?

Pero el dolor se abre paso entre las piernas de Miss Primer Mundo y un río de sangre comienza a descender desde lo más profundo de su cuerpo.

No, no, no, por favor.

Miss Primer Mundo intenta retener con sus manos hasta la última gota de sangre, pero lo que era vida, ahora se convierte en muerte y hay que dejarla salir.

No, no, no... No quiero que se vaya. No quiero que abandone mi cuerpo.

Y ya no hay ruido de teléfonos que suenan queriendo saber.

Por favor, quédate conmigo. Quédate... solo un poco más. Quédate conmigo, por favor... No te vayas... Por favor... No abandones mi cuerpo. Quédate solo un poco más... Solo un poco.

El lamento de Miss Primer Mundo se solapa con las voces del Coro de mujeres, que comienzan a susurrar todas las palabras que hieren.

CORO DE MUJERES.— Has esperado demasiado. Naces, creces, te reproduces y mueres. No sabes lo que es el amor hasta que tienes un hijo. Te reproduces y mueres. ¿Qué edad tienes? Has esperado demasiado. Aquí tienes tu muñeca, debes aprender a cuidar de ella como algún día cuidarás de tus hijos. Todas tus amigas son madres ya, pero tú solo piensas en tu trabajo y tu bienestar. ¿Has pensado en congelar tus óvulos?

Y aunque Miss Primer Mundo sigue luchando por retener la vida, dentro ya solo queda el vacío.

Lo único imposible es aquello que no intentas. Se te va a pasar el arroz. A una amiga de una amiga de una amiga de una amiga de una amiga le pasó lo mismo y al final lo consiguió, así que no desesperes. Si tienes útero lo vas a conseguir. Antes de darle el puesto, una pregunta más: ¿está pensando en tener hijos? Es el reloj biológico. ¿Quieres morir sola? Las mujeres podemos con todo. El verdadero sentido de la vida es ser madre. Has esperado demasiado. ¿Y tú para cuándo te vas a animar? Demasiado.

Ahora Un doctor y Una enfermera entran en escena arrastrando una camilla.
Miss Primer Mundo sabe y acepta que es para ella, así que se deja hacer, se deja llevar.
Y en el escenario solo queda el Coro de mujeres y un teléfono que cuelga desde las alturas.

XIII

Miss Ucrania entra en escena, siempre con prisas, siempre sin tiempo.

MISS UCRANIA.— ¡Olek, venga!

CORO DE MUJERES.— *(Susurrando)* Venga, Olek.

MISS UCRANIA.— La abuela está a punto de llegar y yo tengo que irme.

CORO DE MUJERES.— La abuela, Olek.

De pronto, el teléfono que suena y Miss Ucrania que contesta.

MISS UCRANIA.— ¿Viktor? *(...)* Ah, disculpe, pensaba... *(...)* Sí. *(...)* Sí, soy yo, dígame.

El tiempo parece detenerse en un silencio eterno.

Es una buena noticia, claro. *(...)* Gracias. *(...)* ¿Y qué debo hacer ahora? *(...)* Sí. *(...)* ¿La semana que viene? *(...)* No, no pasa nada... Es solo que no sabía que esto iba tan deprisa. *(...)* Ya. *(...)* Sí, sí, lo entiendo perfectamente. *(...)* Vale... *(...)* Espere un momento que lo apunto.

Y en cuestión de segundos, el Coro de mujeres le entrega a Miss Ucrania un papel y un lápiz.

¿Me puede repetir la dirección, por favor? *(...)* Calle Otto Schmidta, 2-6. Kiev. *(...)* Sí, sí, la tengo, gracias. *(...)* Está bien. *(...)* Sí, allí estaré. *(...)* Gracias. *(...)* Adiós.

Miss Ucrania mira fijamente al Coro de mujeres y en ese instante La madre de Miss Ucrania entra en escena.

MISS UCRANIA.— ¡Mamá!

LA MADRE DE MISS UCRANIA.— ¿Y el niño?

MISS UCRANIA.— Sigue en la cama.

LA MADRE DE MISS UCRANIA.— Vamos a llegar tarde otra vez, Yevtsye.

La madre de Miss Ucrania quiere ir a buscar a su nieto, pero Miss Ucrania la detiene.

MISS UCRANIA.— Mamá.

LA MADRE DE MISS UCRANIA.— ¿Qué, hija?

Silencio.

¿Qué pasa, Yevtsye?

Silencio.

Te han despedido.

MISS UCRANIA.— No, mamá.

LA MADRE DE MISS UCRANIA.— Entonces, ¿qué pasa, hija?

MISS UCRANIA.— Una amiga me ha conseguido un trabajo en la capital.

Silencio.

Es algo temporal...

LA MADRE DE MISS UCRANIA.— ¿Y qué pasa con el supermercado?

MISS UCRANIA.— En este trabajo cobraré mucho más.

LA MADRE DE MISS UCRANIA.— Y cuando vuelvas, ¿qué?

MISS UCRANIA.— Buscaré otra cosa, mamá.

LA MADRE DE MISS UCRANIA.— Ya sabes que no es tan sencillo.

Silencio.

¿Qué pasa con Olek?

MISS UCRANIA.— He pensado que lo mejor es que se quede aquí, contigo.

Silencio.

Es lo que tú querías, ¿no?

LA MADRE DE MISS UCRANIA.— Yevtsye, no creo que...

MISS UCRANIA.— El dinero que gane será suficiente para que Viktor vuelva a casa, así podremos estar juntos de nuevo.

Silencio.

LA MADRE DE MISS UCRANIA.— ¿De qué es el trabajo, Yevtsye?

Silencio.

MISS UCRANIA.— Es en una tienda de lujo.

LA MADRE DE MISS UCRANIA.— ¿Y qué venden?

Silencio.

MISS UCRANIA.— Cosas que la gente desea tener.

Silencio.

LA MADRE DE MISS UCRANIA.— Yevtsye...

MISS UCRANIA.— Vais a llegar tarde al colegio, mamá.

Y en mitad del silencio, La madre de Miss Ucrania sale de escena. Miss Ucrania se queda mirando al Coro de mujeres durante unos segundos.

Yo no...

Pero sale sin poder sostener las palabras.

XIV

De nuevo, entran en escena el Director y el Técnico seguidos del Maquillador y el Peluquero. Y esta vez también viene La mujer que pagó por un sueño.

DIRECTOR.— *(A La mujer que pagó por un sueño)* Vale, pues usted se coloca ahí en medio. Recuerde que lo más importante es mirar a cámara en todo momento.

Y La mujer que pagó por un sueño se abre paso entre el Coro de mujeres, colocándose justo en el centro de todas ellas.
El Maquillador y el Peluquero la siguen para retocar y colocar hasta el último pelo.

(Al Técnico) Vale, vamos a empezar con un plano general donde las veamos a todas y después nos acercamos poco a poco hasta quedarnos con un primer plano de ella, ¿estamos?

TÉCNICO.— Sí, señor.

El Técnico hace lo suyo, preparando la cámara que nos mostrará el resultado.

DIRECTOR.— ¡Dadme las luces de esta escena, por favor!

Las luces cambian y el momento se vuelve, una vez más, algo íntimo.

Eso es, maravilloso. *(Al Maquillador y al Peluquero)* ¿Está ya preparada?

Ambos asienten.

Vale, pues vamos a empezar. ¡Todos prevenidos!

Silencio.

¡Acción!

Silencio.

LA MUJER QUE PAGÓ POR UN SUEÑO.— El nacimiento de mi hija fue increíble. Nació por parto natural, sin epidural ni nada. Pesó cuatro kilos seiscientos. Una vez que nos la pusieron en brazos pues... Bueno, parecía un sueño, no nos lo creíamos. Yo incluso me mareé. Me tuvieron que asistir y todo. Sentándome en una silla, echándome aire... Es que estaba en shock, no me salían ni las lágrimas. No sabía si era real, si no era real... Pero bueno, ya cuando la cogimos, la abrazamos, la besamos y vimos que estaba tan sanita pues... Vamos, es que estábamos en una nube. ¡Al fin, el sueño se había cumplido! Y nada, en el hospital estuvo solamente dos días. Después nos la llevamos al apartamento y superbién. El trato con la muchacha que nos habían puesto para cuidarla, extraordinario. Porque claro, no sabíamos... Bueno, no es que no supiéramos, sino que nos enseñó muchas cositas. Cómo bañarla, cómo curarle el cordón umbilical, cómo darle mimitos para que no tuviera cólicos del lactante... Y muy bien, la verdad. Yo recuerdo que cuando la pusieron en mis brazos por primera vez, es que sentía que la había parido yo. No me dio para nada la sensación de que la hubiera tenido otra mujer en su vientre. Es que es como si la hubieses parido tú, es tuya, es que es tuya... Después estuvimos un tiempo para arreglar la documentación, claro. Que si una prueba de ADN para que sea todo legal, que si ir al registro de allí, a la embajada, al cónsul... Que si hacerle el pasaporte a la niña para venirnos a España, que si la renuncia por parte de la gestante... Un jaleo, vamos. Pero mira, una vez terminado todo el proceso y con mi hija ya en casa, volvería a repetir. Una y dos veces más. Si me tocara la lotería de Navidad, volvería a hacerlo. Lo tengo superclaro.

Silencio.

DIRECTOR.— ¡Corten! Vale, lo tenemos. Ha sido todo. Gracias por compartir tu experiencia.

LA MUJER QUE PAGÓ POR UN SUEÑO.— A vosotros.

Y tal como entraron, salen el Director y el Técnico, pero esta vez el Maquillador y el Peluquero se quedan para hablar con La mujer que pagó por un sueño.

MAQUILLADOR.— Oiga, perdone que la molestemos, pero nos gustaría preguntarle algo. ¿Tiene un segundo?

LA MUJER QUE PAGÓ POR UN SUEÑO.— Claro, dime.

MAQUILLADOR.— Verá, es que nosotros...

Silencio.

PELUQUERO.— ¡Somos gais!

MAQUILLADOR.— Sí, somos gais, y además pareja.

PELUQUERO.— Eso es.

MAQUILLADOR.— Y nuestro mayor deseo en este mundo es ser padres.

LA MUJER QUE PAGÓ POR UN SUEÑO.— Ah, ya entiendo.

PELUQUERO.— ¿Usted nos aconsejaría lo de los vientres de alquiler?

LA MUJER QUE PAGÓ POR UN SUEÑO.— ¿Vientres de alquiler? Eso está mal dicho, por favor. Se dice gestación subrogada.

PELUQUERO.— Eso, eso quería decir yo.

LA MUJER QUE PAGÓ POR UN SUEÑO.— A ver, ¿qué otras opciones tenéis?

Silencio.

MAQUILLADOR.— ¿Adopción?

LA MUJER QUE PAGÓ POR UN SUEÑO.— Bueno, si queréis ser padres antes de morir, id a por la gestación.

PELUQUERO.— ¡Te lo dije!

MAQUILLADOR.— Lo que pasa es que nos da un poco de reparo por... ya sabe.

LA MUJER QUE PAGÓ POR UN SUEÑO.— ¿Reparo por qué?

PELUQUERO.— A ver, a él le da un poco de no sé qué por las muchachas que hacen esto.

LA MUJER QUE PAGÓ POR UN SUEÑO.— Pero ellas lo hacen porque quieren. Nadie las obliga a nada, son libres de elegir.

Silencio.

Vamos a ver, para ellas esto es una oportunidad de empoderamiento, porque las mujeres en estos países están muy sometidas y la gente como nosotros lo que hace es darles una oportunidad en la vida. ¿Me entendéis?

PELUQUERO.— Sí, sí, yo esto ya lo sabía, pero es que él es un poco...

MAQUILLADOR.— Y qué hay del tema económico. ¿No es una ruina?

LA MUJER QUE PAGÓ POR UN SUEÑO.— No tiene por qué. La gestación subrogada no es solo para gente rica. Al haber tanta demanda hay muchas ofertas. Aconsejarlo, se lo aconsejo a todo el mundo.

MAQUILLADOR.— ¿De verdad?

LA MUJER QUE PAGÓ POR UN SUEÑO.— ¡Claro! Vosotros también tenéis derecho a ser padres. Es vuestro sueño, ¿no?

PELUQUERO.— Sí.

LA MUJER QUE PAGÓ POR UN SUEÑO.— Pues entonces no os preocupéis más y lanzaros a por él.

El Maquillador, el Peluquero y La mujer que pagó por un sueño comienzan a salir de escena.

Por cierto, dentro de poco es el *Black Friday*, seguro que muchas agencias ofrecen descuentos interesantes.

MAQUILLADOR.— ¿De verdad?

LA MUJER QUE PAGÓ POR UN SUEÑO.— Como os lo estoy diciendo. Yo inicié el proceso de gestación gracias a un descuento que hacían para mujeres mayores de cuarenta y cinco años.

PELUQUERO.— ¡Qué maravilla! Pues no aparenta usted la edad que dice.

LA MUJER QUE PAGÓ POR UN SUEÑO.— Gracias. ¿Queréis ver fotos de mi hija?

MAQUILLADOR.— ¡Por favor!

PELUQUERO.— Claro que queremos.

Y en escena se vuelve a quedar solo el Coro de mujeres embarazadas.

XV

La madre de Miss Primer Mundo aparece llevando entre las manos una tarta con velas encendidas, recordándonos que ya son treinta y siete los años a soplar.
El Coro de mujeres empieza a entonar el "Cumpleaños feliz" y Miss Primer Mundo entra en escena dispuesta a soplar el fuego.

LA MADRE DE MISS PRIMER MUNDO.— Que no se te olvide pedir un deseo.

Miss Primer Mundo mira al Coro de mujeres durante unos segundos. Después, vuelve la mirada hacia las velas y las sopla queriendo apagar el tiempo.

¿Qué has pedido?

MISS PRIMER MUNDO.— Ya lo sabes, mamá.

Silencio.

LA MADRE DE MISS PRIMER MUNDO.— ¿Qué tal está Jorge?

MISS PRIMER MUNDO.— Bien.

LA MADRE DE MISS PRIMER MUNDO.— Creía que vendría.

MISS PRIMER MUNDO.— Tenía que adelantar curro, ya sabes.

Silencio.

LA MADRE DE MISS PRIMER MUNDO.— ¿Y estáis bien?

MISS PRIMER MUNDO.— Sí.

Silencio.

LA MADRE DE MISS PRIMER MUNDO.— ¿Qué tal lleváis el tema de la adopción?

Y justo al pronunciar la pregunta, entra en escena La de los papeles de adopción, colocándose en proscenio frente a un micrófono.

MISS PRIMER MUNDO.— La semana que viene abren las listas, así que empezaremos presentando toda la documentación.

La de los papeles de adopción alza un papel.

LA DE LOS PAPELES DE ADOPCIÓN.— Anexo I: Instancia de apertura.

Alguien del Coro de mujeres se acerca para llevarle el papel a Miss Primer Mundo. Esta lo firma casi sin mirar.

LA MADRE DE MISS PRIMER MUNDO.— Pero ¿lo habéis pensado bien?

MISS PRIMER MUNDO.— Sí, mamá, claro que lo hemos pensado bien.

LA MADRE DE MISS PRIMER MUNDO.— Ay, hija, yo no sé...

MISS PRIMER MUNDO.— ¿Qué, mamá?

LA MADRE DE MISS PRIMER MUNDO.— Pues que mira lo que le pasó a una amiga con la niña que le tocó.

MISS PRIMER MUNDO.— Mamá, por favor...

La de los papeles de adopción alza otro papel entre sus manos.

LA DE LOS PAPELES DE ADOPCIÓN.— Certificado de empadronamiento actualizado.

Y otra mujer del Coro de mujeres le acerca el papel a Miss Primer Mundo.

MISS PRIMER MUNDO.— No puedes decir "la niña que le tocó". Esto no es una lotería.

LA MADRE DE MISS PRIMER MUNDO.— Un poco sí, hija, porque te puede tocar de todo.

Miss Primer Mundo firma.

El caso es que la chinita le vino con los pies destrozados. ¿Tú no te acuerdas de esto?

MISS PRIMER MUNDO.— No, mamá.

LA MADRE DE MISS PRIMER MUNDO.— Se pasó años sin poder andar.

Y de nuevo, otro papel en el aire.

LA DE LOS PAPELES DE ADOPCIÓN.— Certificado original de inscripción de nacimiento de los solicitantes.

Y de nuevo, el paseo del Coro de mujeres.

LA MADRE DE MISS PRIMER MUNDO.— Tuvieron que adaptar toda la casa.

Y de nuevo, Miss Primer Mundo que firma.

Y, claro, la llevaron a todos los médicos habidos y por haber.

Y el ritual se sigue repitiendo con cada papel.

LA DE LOS PAPELES DE ADOPCIÓN.— Copias del documento nacional de identidad y dos fotos tamaño carné.

LA MADRE DE MISS PRIMER MUNDO.— Se gastaron lo que no tenían... y lo peor de todo es que nadie les avisó de nada.

MISS PRIMER MUNDO.— Bueno, mamá, pero esto es algo gubernamental. No tiene por qué pasar lo mismo.

LA DE LOS PAPELES DE ADOPCIÓN.— Certificado original de matrimonio, inscripción como pareja de hecho o documentación que acredite fehacientemente un mínimo de tres años de convivencia.

MISS PRIMER MUNDO.— Por cierto, Jorge y yo nos vamos a casar.

LA MADRE DE MISS PRIMER MUNDO.— ¿Qué me dices? Pero si tú siempre has renegado del matrimonio.

MISS PRIMER MUNDO.— Es solo por el tema de la adopción.

LA DE LOS PAPELES DE ADOPCIÓN.— Certificado médico que acredite no padecer enfermedades infectocontagiosas...

LA MADRE DE MISS PRIMER MUNDO.— Tendremos que hacer una lista de invitados.

MISS PRIMER MUNDO.— Ni lo pienses.

LA MADRE DE MISS PRIMER MUNDO.— Pero hija...

LA DE LOS PAPELES DE ADOPCIÓN.— ... enfermedades físicas o psicológicas que dificulten el cuidado...

MISS PRIMER MUNDO.— Solo las personas necesarias, mamá.

LA DE LOS PAPELES DE ADOPCIÓN.—... enfermedades degenerativas o potencialmente incapacitantes...

MISS PRIMER MUNDO.— Así que nada de lista de invitados.

LA DE LOS PAPELES DE ADOPCIÓN.—... o enfermedades crónicas que requieran condiciones especiales de vida.

MISS PRIMER MUNDO.— Y como insistas, te quedas sin venir tú también.

LA MADRE DE MISS PRIMER MUNDO.— La madre que te parió... que fui yo.

LA DE LOS PAPELES DE ADOPCIÓN.— Certificado de antecedentes penales y delitos de naturaleza sexual expedido en el último trimestre.

LA MADRE DE MISS PRIMER MUNDO.— ¿Y qué pasa si te lo quitan?

MISS PRIMER MUNDO.— ¿Qué?

LA DE LOS PAPELES DE ADOPCIÓN.— Documento acreditativo de cobertura sanitaria familiar.

LA MADRE DE MISS PRIMER MUNDO.— ¿O si el niño decide volver con sus padres cuando sea mayor?

LA DE LOS PAPELES DE ADOPCIÓN.— Ingresos económicos de los tres últimos ejercicios.

MISS PRIMER MUNDO.— Mamá...

LA MADRE DE MISS PRIMER MUNDO.— No me mires así, puede pasar perfectamente.

LA DE LOS PAPELES DE ADOPCIÓN.— Composición familiar y existencia o no de descendientes.

MISS PRIMER MUNDO.— No me lo pueden quitar. Y si cuando sea mayor quiere conocer a sus padres biológicos, yo estaré a su lado para apoyarlo.

LA MADRE DE MISS PRIMER MUNDO.— Ay, hija, yo no lo veo.

MISS PRIMER MUNDO.— No sé para qué te digo nada.

LA DE LOS PAPELES DE ADOPCIÓN.— Y por último...

Silencio.

Anexo II: Ofrecimiento.

Y un foco golpea el cuerpo de Miss Primer Mundo y todo en escena parece convertirse en un programa de entretenimiento.

¿Estaría dispuesta a adoptar a mayores de siete o más años?

Silencio.

MISS PRIMER MUNDO.— Sí.

El Coro de mujeres aplaude su valentía mientras La madre de Miss Primer Mundo se lleva las manos a la cabeza.

LA DE LOS PAPELES DE ADOPCIÓN.— En cuanto al número, ¿se ofrece solo para uno o adoptaría a hermanos de distintas edades?

Miss Primer Mundo mira a su madre, que le hace señales para que elija solo uno.

MISS PRIMER MUNDO.— Hermanos de distintas edades.

Y de nuevo la ovación del Coro de mujeres.

LA DE LOS PAPELES DE ADOPCIÓN.— Vayamos ahora con las "adopciones especiales".

Pero La madre de Miss Primer Mundo no aguanta más y el sonido de un teléfono irrumpe en escena.

Parece que tenemos una llamada en directo. Adelante, por favor.

Y alguien del Coro de mujeres le pasa el teléfono que grita a Miss Primer Mundo.

MISS PRIMER MUNDO.— ¿Sí?

LA MADRE DE MISS PRIMER MUNDO.— Sara, soy yo.

MISS PRIMER MUNDO.— ¿Mamá?

LA MADRE DE MISS PRIMER MUNDO.— Hija, que te veo venir, ¿eh? No te hagas la valiente que esto es para toda la vida.

MISS PRIMER MUNDO.— No te metas, mamá.

LA MADRE DE MISS PRIMER MUNDO.— Yo sé que tú eres un alma caritativa, pero hija, que esto no es como recoger un perro de la calle... Niños con problemas, no.

Pero Miss Primer Mundo cuelga a su madre y a sus miedos.

LA DE LOS PAPELES DE ADOPCIÓN.— ¿Estaría dispuesta a adoptar a niños con discapacidad visual?

MISS PRIMER MUNDO.— ¡Sí!

Y los aplausos retumban en cada rincón de la escena.

LA DE LOS PAPELES DE ADOPCIÓN.— ¿Y a niños con discapacidad auditiva?

MISS PRIMER MUNDO.— ¡También!

Y el Coro de mujeres lo entrega todo animando a Miss Primer Mundo.

LA DE LOS PAPELES DE ADOPCIÓN.— ¿Y qué me dice de niños prematuros con riesgo de desarrollo severo?

Silencio. Miss Primer Mundo empieza a dudar y los aplausos desaparecen.

MISS PRIMER MUNDO.— Pero severo, ¿cuánto?

LA DE LOS PAPELES DE ADOPCIÓN.— ¿Enfermedades o malformaciones que afecten a su salud física? Cardiopatías, deformaciones del sistema digestivo y excretor, labio leporino...

MISS PRIMER MUNDO.— Es que es un margen muy amplio, ¿no?

LA DE LOS PAPELES DE ADOPCIÓN.— ¿Enfermedades de carácter infeccioso como la hepatitis B, el VIH...?

MISS PRIMER MUNDO.— ¿Y no se puede decidir cuando el caso sea más concreto?

LA DE LOS PAPELES DE ADOPCIÓN.— ¿Parálisis cerebral, lesión medular, malformación o falta de miembros?

MISS PRIMER MUNDO.— Es que no sé si...

LA DE LOS PAPELES DE ADOPCIÓN.— ¿Discapacidad intelectual, retraso madurativo severo, daño neurológico?

MISS PRIMER MUNDO.— ¿Puedo llamar a mi pareja un momento? Es que necesito hablarlo con él.

LA DE LOS PAPELES DE ADOPCIÓN.— ¿Trastornos del espectro autista, trastornos de conducta?

Y todos en escena clavan sus ojos en el cuerpo inquieto de Miss Primer Mundo.

Y su respuesta final para las "adopciones especiales" es...

Silencio.

MISS PRIMER MUNDO.— No... Lo siento, no puedo.

Ahora es La madre de Miss Primer Mundo quien rompe en aplausos.

LA DE LOS PAPELES DE ADOPCIÓN.— Solicitud presentada correctamente en el Registro de Solicitantes de Adopción. Número de expediente 9521458762177745213845...

Y La de los papeles de adopción sale de escena diciendo números hasta el infinito mientras, en el escenario, todo vuelve a la normalidad.

LA MADRE DE MISS PRIMER MUNDO.— Bueno, y después de todo el papeleo, ¿qué tenéis que hacer?

MISS PRIMER MUNDO.— Esperar.

Las luces van apagándose y, en mitad de la oscuridad, el Coro de mujeres comienza a entonar de nuevo el "Cumpleaños feliz".

Ahora solo la luz de las velas alumbra el rostro ausente de Miss Primer Mundo, que sopla el tiempo y apaga sus treinta y ocho años.

Esperar.

Y de nuevo la oscuridad, el "Cumpleaños feliz" y las velas alumbrando un año más.
Y de nuevo Miss Primer Mundo que sopla el tiempo y sus treinta y nueve años.

Esperar.

Y la acción se repite.

Esperar.

Y llegan los cuarenta.

Esperar.

Y los cuarenta y uno.

Esperar.

Pero sigue sin haber maternidad.

Esperar.

Y ya tampoco se la espera, así que todos vuelven a salir de escena, menos el Coro de mujeres.

XVI

Y de pronto, el escenario se convierte en una fiesta de luces y música que hace que los cuerpos embarazados del Coro de mujeres comiencen a contonearse exhibiendo sus curvas.

Ahora, Los que han venido a la fiesta entran en escena para deleitarse con el espectáculo. Algunos vienen en pareja, otros en solitario, pero todos buscan lo mismo, un cuerpo que se adapte a sus sueños.

Y con cada movimiento del Coro de mujeres, los billetes vuelan para aterrizar entre la ropa y la piel de las mises, mientras estas seducen a Los que han venido a la fiesta con sus curvas, con sus formas. Y de repente, todo en el escenario se vuelve lascivo, con poses y posturas que nos hacen dudar de si esto es un teatro o un puticlub.

Un presentador entra en escena dispuesto a guiar a los asistentes en esta carrera por el sueño de sus vidas.

UN PRESENTADOR.— ¡Bienvenidos y bienvenidas a esta gala tan especial! Si han llegado hasta aquí es porque todavía tienen un sueño que cumplir. Y si nosotros estamos aquí es porque somos expertos en hacer posible lo imposible. Así que no se preocupen si España les ha dado la espalda haciendo de su deseo algo ilegal, porque nosotros tenemos la solución o, mejor dicho, las soluciones. Presten atención y tomen nota de todo aquello que les interese porque están a punto de asistir al desfile que cambiará sus vidas para siempre.

Ahora sí que sí, todo el escenario es una fiesta.

Comenzamos con una de nuestras potencias mundiales... ¡Miss Estados Unidos de América! Este espectacular paquete con unas curvas de infarto ofrece grandes ventajas para grandes bolsillos, como, por ejemplo, llevarse a casa a un niño con doble nacionalidad.

Una celebración.

Pero si su bolsillo es más limitado, no pierda la esperanza ni le quite los ojos de encima a nuestra querida... ¡Miss Kazajistán! Su sueño a tan solo cuatro horas en avión. ¿Quién no ha querido practicar el turismo reproductivo viajando a este exótico país?

Un espectáculo.

Vayamos ahora con nuestra famosa... ¡Miss India! ¿La ven? Pues ya no la pueden tener. Y es que este país, especialista en traer al mundo a miles y miles de niños blanquitos y gordos, ya no forma parte de la oferta internacional. Una lástima, ¿verdad? Se estarán preguntando por qué. Bueno, algo habrá pasado, pero... ¿a quién le importa teniendo tantas opciones donde elegir?

Ahora todo el escenario es un desfile de cuerpos que bailan.

Por eso, no duden en comprobar si sus deseos más profundos se adaptan a las curvas de nuestra querida... ¡Miss Grecia! Con este espléndido paquete bañado por el sol del Mediterráneo usted se asegura volver a casa con un niño sí o sí, ya que las gestantes no pueden retractarse una vez firmado el contrato. ¿No es maravilloso?

Un desfile de cuerpos que se contonean mostrando sus curvas.

Pasemos ahora a... ¡Miss Albania! ¿Qué decir de estas fabulosas curvas que nunca podrán superar los veintiséis años de edad para gestar? Pues que, además de ser de los paquetes más asequibles, usted es libre de elegir el sexo del bebé, algo que está terminantemente prohibido en nuestro país. Ni siquiera en la fecundación *in vitro* te lo permiten. Ay, España, siempre tan atrasada en todo, ¿verdad?

Que se contonean mostrando sus vientres.

Pero vayamos con nuestra siguiente opción... ¡Miss Georgia! Aunque muchos de ustedes no sabrán ni situarla en el mapa, Miss Georgia es otra de las opciones más solicitadas, ya que sus gestantes son sometidas a numerosas pruebas médicas para asegurar el buen estado de salud de las criaturas que están por venir.

Sus vidas.

Y si son de los que se preocupan por el futuro de las gestantes, no duden en elegir a... ¡Miss Rusia! Y es que este novedoso paquete ofrece un seguro de defunción para las gestantes. Así, si alguna de ellas muere en el proceso, su familia recibe un pequeño donativo como compensación. ¡No nos gusta dejar cabos sueltos! Por cierto, esta opción solo es apta para parejas heterosexuales porque, como todo el mundo sabe, en Rusia no hay gais.

Cuerpos que llevan dentro otros cuerpos.

Y como no queremos olvidarnos de todos los que desean esconder sus prejuicios debajo de un velo de altruismo, aquí están nuestras espectaculares... ¡Miss Portugal y Miss Canadá! Dispuestas a recibir solo aquello que cubra los "gastos necesarios". Ya me entienden...

Cuerpos que no les pertenecen.

Así que ya pueden medir sus sueños para ver si coinciden con las dimensiones de estos dos paquetes, donde solo es necesario demostrar que ustedes no tienen útero o que, en el caso de tenerlo, no funciona.

Cuerpos que entregarán a cambio de una vida.

Y si alguien se pregunta dónde está Miss Reino Unido, solo decirles que tuvimos que prescindir de sus servicios por intentar conseguir más derechos de los necesarios.

Las suyas.

Pero no nos atasquemos en cuestiones que a nadie importan y vayamos con nuestro paquete estrella.

Silencio.

Con todos ustedes, las curvas más demandadas de esta industria... ¡Miss Ucrania!

Y una vez más, la música deja de sonar y todo en escena es quietud, es silencio. Los que han venido a la fiesta permanecen congelados en posiciones indecorosas con los cuerpos del Coro de mujeres, mientras estas cruzan sus miradas queriendo entender a qué se debe tanta ausencia.
Un presentador vuelve a reclamar a la miss desaparecida.

¡Miss Ucrania!

Silencio.

¡Miss Ucrania!

Pero Miss Ucrania no aparece y, poco a poco, Los que han venido a la fiesta salen de escena seguidos por Un presentador.

XVII

Ahora sí, Miss Ucrania irrumpe en escena y observa al Coro de mujeres en el altar cubierto de flores, esas que se desparraman hasta el último rincón.

En ese momento, entra Miss Primer Mundo y el tiempo parece detenerse intuyendo todo aquello que los personajes ignoran.

MISS PRIMER MUNDO.— ¿La última?

MISS UCRANIA.— Supongo que yo.

MISS PRIMER MUNDO.— Pues voy detrás de ti, gracias.

Miss Primer Mundo y Miss Ucrania miran el altar buscando un sitio en el que sentarse. Cada una lo hace en una esquina, en un extremo.

Una mujer con bata blanca y Otra mujer con bata blanca entran en escena, cada una por un lateral. Las dos traen cientos de papeles entre sus manos.

UNA MUJER CON BATA BLANCA.— ¿Yevtsye?

MISS UCRANIA.— Sí, soy yo.

OTRA MUJER CON BATA BLANCA.— ¿Sara?

MISS PRIMER MUNDO.— Sí, soy yo.

UNA MUJER CON BATA BLANCA.— Aquí tiene toda la documentación relacionada con el contrato.

MISS UCRANIA.— Quería hacerle una pregunta antes de...

UNA MUJER CON BATA BLANCA.— Dudas, al final.

OTRA MUJER CON BATA BLANCA.— Aquí tiene toda la documentación relacionada con el contrato.

MISS PRIMER MUNDO.— Gracias.

MISS UCRANIA.— Pero solo quería saber si...

UNA MUJER CON BATA BLANCA.— Debe firmar en todos los sitios que le he marcado con una equis.

OTRA MUJER CON BATA BLANCA.— Debe firmar en todos los sitios que le he marcado con una equis.

UNA MUJER CON BATA BLANCA.— Aquí tiene un boli.

MISS PRIMER MUNDO.— Está bien.

UNA MUJER CON BATA BLANCA.— *(Saliendo)* No olvide devolverlo a la salida, casi no nos quedan.

OTRA MUJER CON BATA BLANCA.— ¿Tiene alguna pregunta?

MISS PRIMER MUNDO.— De momento, no, gracias.

OTRA MUJER CON BATA BLANCA.— Cualquier cosa, no dude en avisarme. Estaré aquí mismo.

> *Otra mujer con bata blanca sale de escena.*
> *Miss Primer Mundo y Miss Ucrania se dirigen hacia proscenio.*
> *Cada una en un extremo, cada una en una punta de la historia.*
> *Ambas leen.*

MISS PRIMER MUNDO.— "Servicios del paquete *Todo incluido*".

MISS UCRANIA.— "Contrato de servicios entre la agencia y la mujer gestante".

Silencio.

MISS PRIMER MUNDO.— "La agencia organizará tres visitas al país seleccionado, siendo la última para asistir al parto".

MISS UCRANIA.— "La mujer gestante se prestará para un diagnóstico psicológico previo".

MISS PRIMER MUNDO.— "En dichas visitas, la agencia le proporcionará alojamiento y pensión completa, además de una intérprete que posibilite la comunicación entre las partes".

MISS UCRANIA.— "La mujer gestante deberá someterse a cuantas pruebas médicas sean necesarias para comprobar que su estado físico es apto en todo momento".

Miss Ucrania mira al Coro de mujeres.

CORO DE MUJERES.— Sigue, sigue leyendo.

Silencio.

MISS PRIMER MUNDO.— "Los padres de intención tienen derecho a pruebas de diagnóstico para descartar posibles alteraciones genéticas".

MISS UCRANIA.— "Durante el embarazo se realizarán, además, chequeos semanales que incluirán tantas pruebas médicas como se estimen necesarias para asegurar el buen estado del bebé".

Silencio.

MISS PRIMER MUNDO.— "El paquete *Todo incluido* permite, además, la elección del sexo del bebé".

MISS UCRANIA.— "Los padres de intención tienen potestad para interrumpir el embarazo de la gestante en el caso de que el bebé presente algún problema médico".

Miss Ucrania vuelve a mirar al Coro de mujeres, pero estas le hacen un gesto para que continúe leyendo.

MISS PRIMER MUNDO.— "En caso de aborto, espontáneo o no, la agencia garantiza la reanudación del proceso sin ningún coste adicional, ya que el paquete *Todo incluido* cuenta con intentos ilimitados".

MISS UCRANIA.— "En caso de deceso o pérdida de órganos como consecuencia del proceso de gestación, la gestante o su familia tienen derecho a una indemnización que no superará, en ningún caso...".

Silencio.

¿Esto vale una vida?

CORO DE MUJERES.— Sigue, sigue leyendo.

MISS PRIMER MUNDO.— "En nuestro programa incluimos la asistencia de una *babysitter* durante las primeras semanas después del parto, para que puedan sobrellevar mejor los primeros días de su nueva vida".

MISS UCRANIA.— "La mujer gestante deberá trasladar su lugar de residencia a los dispuestos por la agencia, conviviendo con otras mujeres también en proceso de gestación".

MISS PRIMER MUNDO.— "La agencia les prestará un carrito de bebé durante su estancia en el país para que no tengan que viajar con más cosas de las necesarias".

MISS UCRANIA.— "Durante el parto, además del equipo médico, estarán presentes los padres de intención...

Silencio.

... a quienes les será entregado el bebé inmediatamente después de nacer".

Silencio.

CORO DE MUJERES.— Sigue, sigue...

MISS UCRANIA.— "La mujer gestante renuncia a todo derecho de filiación derivado del propio proceso de gestación".

MISS PRIMER MUNDO.— "La agencia les regala, además, una canastilla con los productos necesarios para los primeros cuidados".

Silencio.

CORO DE MUJERES.— *(A Miss Ucrania)* Solo un poco más... Ya casi estás.

Silencio.

Puedes hacerlo.

MISS UCRANIA.— "La firma de este contrato supone la aceptación de todas las cláusulas anteriores, no pudiendo retractarse del mismo en ningún momento".

Miss Ucrania despega la mirada del papel.

Pero yo...

CORO DE MUJERES.— ¿Acaso somos libres de elegir?

Silencio.

MISS PRIMER MUNDO.— Ay, no tengo bolígrafo. ¿Alguien tiene uno?

Miss Ucrania mira fijamente a Miss Primer Mundo y observa cómo esta se acerca lentamente.

¿Me lo prestas?

Silencio.

MISS UCRANIA.— ¿El qué?

MISS PRIMER MUNDO.— El boli.

MISS UCRANIA.— Ah, sí. Sí, claro... Un segundo.

Miss Ucrania firma y le extiende el bolígrafo a Miss Primer Mundo.

MISS PRIMER MUNDO.— Gracias.

Y Miss Primer Mundo también firma.

XVIII

Ahora, Un presentador y Los que han venido a la fiesta entran corriendo para ocupar las poses lascivas que ya tenían antes de la ausencia de Miss Ucrania.

Miss Primer Mundo sale mientras se reanuda la fiesta de luces y música en el escenario. Y de nuevo, nadie sabe si esto es un teatro o un puticlub.

UN PRESENTADOR.— ¡Ahora sí! Con todos ustedes, las curvas más demandadas de esta industria...

Los que han venido a la fiesta clavan sus miradas en el cuerpo desconcertado de Miss Ucrania, y en escena todos los movimientos parecen suspenderse en la lentitud del tiempo.

¡Miss Ucrania!

Y la voz de Un presentador se distorsiona creando un eco infinito.

Este paquete de ensueño nos vuelve locos por varias razones...

Y los pasos acortan las distancias entre los cuerpos.

Intentos ilimitados.

Y la presa, inmóvil.

Elección del sexo del bebé.

Y los billetes que comienzan a volar del bolsillo al cuerpo.

Seguro de defunción.

Y el cuerpo de Miss Ucrania que comienza a ser manipulado por Los que han venido a la fiesta.

Un precio cerrado pase lo que pase.

Y cientos de manos lascivas que miden el cuerpo de Miss Ucrania.

Y lo más importante de todo...

Mientras, esta riega con lágrimas las flores que se desparraman hasta el último rincón del escenario.

Una partida de nacimiento limpia en la que no encontrarán ni rastro de la mujer que un día gestó a su hijo.

Y en escena, una violación del cuerpo y de los derechos ante los ojos del mundo.
El espectáculo se alarga más de lo necesario, hasta que la música se desvanece y se hace el silencio.
El cuerpo de Miss Ucrania ha quedado desparramado por el suelo, como las flores, como los sueños.

Y el jurado ha decidido por unanimidad que la ganadora de esta noche sea, nada más y nada menos que...

Silencio.

¡Miss Ucrania!

Y la voz de Un presentador se prolonga en un eco infinito mientras este y Los que han venido a la fiesta salen de escena.

XIX

Ahora solo queda el Coro de mujeres y el cuerpo de Miss Ucrania, que permanece inmóvil en el centro del escenario.

Otra enfermera aparece desde el fondo trayendo entre sus manos una barriga postiza.

Y el Coro de mujeres comienza a agasajar al recién llegado entre susurros que retumban por el espacio, mientras Otra enfermera hace los honores.

CORO DE MUJERES.— Mirad qué cosa tan pequeña. Se parece a la madre. Y qué de pelo tiene ya. Yo diría que se parece más al padre. No, no, esos ojos son de ella. Tienen la misma mirada cargada de sueños. Pero qué cosita más linda. Y qué buenos genitales. No hay duda de que es un niño. Pues yo diría que es una niña. ¿Tú crees? Claro que sí, míralo desde aquí.

Y Miss Ucrania deja que manejen su cuerpo una vez más, hasta que el ritual termina con un ser pegado a su piel.

MISS UCRANIA.— ¿Qué es esto?

OTRA ENFERMERA.— El sueño de otros. ¿No lo reconoce?

Miss Ucrania se lleva las manos al vientre.

MISS UCRANIA.— ¿Es una niña?

OTRA ENFERMERA.— Así es.

Silencio.

MISS UCRANIA.— Quiero escucharla.

OTRA ENFERMERA.— ¿Está segura?

Silencio.

MISS UCRANIA.— Sí.

Otra enfermera saca un fonendoscopio y lo acerca a la barriga de Miss Ucrania.

OTRA ENFERMERA.— ¿Preparada?

Miss Ucrania asiente y el latido del ser pegado a su piel comienza a retumbar por todo el espacio. Ahora el tiempo parece suspendido en mitad de este sueño.

MISS UCRANIA.— ¿Y qué voy a hacer con todo el amor que siento ahora?

OTRA ENFERMERA.— Piense que todo ese amor se lo dará al hijo que ya tiene... Así será más fácil.

Y los latidos se van desvaneciendo poco a poco, mientras Otra enfermera sale de escena y el Coro de mujeres, al que ahora también pertenece Miss Ucrania, vuelve al altar.

XX

Miss Primer Mundo entra en escena y, al verla, el Coro de mujeres comienza a entonar el "Cumpleaños feliz". Y de entre todas ellas aparece La madre de Miss Primer Mundo, que lleva en sus manos una tarta con velas que queman el tiempo.

Miss Primer Mundo.— Mamá... No tenías por qué...

La madre de Miss Primer Mundo.— Que no se te olvide pedir un deseo.

Miss Primer Mundo mira fijamente las velas encendidas y, mientras las voces del Coro de mujeres se van desvaneciendo, esta sopla el tiempo.

¿Qué has pedido?

Miss Primer Mundo.— Nada.

Silencio.

La madre de Miss Primer Mundo.— Estás a punto de conseguir lo que siempre has soñado.

Miss Primer Mundo.— Y ahora es cuando más miedo tengo, mamá... Tanto que ni siquiera me atrevo a desearlo.

La madre de Miss Primer Mundo.— Es normal, hija.

Silencio.

MISS PRIMER MUNDO.— ¿Mamá?

LA MADRE DE MISS PRIMER MUNDO.— ¿Qué?

Silencio.

MISS PRIMER MUNDO.— ¿Tú siempre quisiste ser madre?

Silencio.

LA MADRE DE MISS PRIMER MUNDO.— Si te digo la verdad, fue algo que nunca me paré a pensar.

MISS PRIMER MUNDO.— ¿En serio?

LA MADRE DE MISS PRIMER MUNDO.— Sí. Casarte, tener hijos... Eran cosas que siempre se daban por hecho. Y un día, de repente, te tenía entre mis brazos.

MISS PRIMER MUNDO.— Pero ¿tú lo deseabas? ¿Deseabas ser madre?

LA MADRE DE MISS PRIMER MUNDO.— Supongo...

Silencio.

MISS PRIMER MUNDO.— Llevo tiempo preguntándome dónde nacen los deseos.

LA MADRE DE MISS PRIMER MUNDO.— ¿Qué quieres decir, hija?

Silencio.

MISS PRIMER MUNDO.— Cuando era pequeña jugaba a ponerme un cojín debajo de la ropa para simular que estaba embarazada. Lo hacía a escondidas de vosotros, como si supiera que aquel sueño aún me venía grande, como si supiera que aquello no me correspondía aún. Pero me encantaba imaginar que había alguien al otro lado de mi piel... y mirarme al espejo y contemplar la forma curva que el cojín dibujaba en mi cuerpo. Nunca he sabido cuándo fue la primera vez que soñé con algo así. Un día me desperté y pum... el incendio había comenzado. Quería ser madre, lo tenía clarísimo... pero la vida no te lo pone fácil y te hace elegir constantemente. Así que durante muchos años he intentado controlar las llamas, he querido domar el fuego... Pero con el paso del tiempo el incendio ha sido más y más grande, hasta que todo mi cuerpo se ha visto devorado por este sueño, por este deseo de engendrar.

Silencio.

Jamás sabré qué se siente al sostener a alguien al otro lado de la piel, pero ahora que por fin estoy a punto de apagar el incendio, de apagar el sueño con un hijo que no saldrá nunca de mi vientre... me pregunto quién hizo de mi cuerpo un campo de astillas para que todo ardiera en el momento justo. Me pregunto si alguna vez fui libre de escoger este deseo.

Silencio. Miss Primer Mundo sale de escena seguida por su madre.

XXI

De pronto, entran el Director y el Técnico seguidos del Maquilador y el Peluquero.

DIRECTOR.— Vale, vamos con la escena final. *(Al Coro de mujeres)* ¿Quién ha sido la ganadora?

Y todas dirigen la mirada al cuerpo desconcertado de Miss Ucrania, lo que sirve de señal al Maquillador y al Peluquero para lanzarse sobre ella y prepararla.

(Al Técnico) Vale, lo más importante es que le veamos la cara en todo momento, ¿estamos?

TÉCNICO.— Sí, señor.

DIRECTOR.— Queremos ver su emoción, su alma... Queremos verla por dentro, ¿entendido?

TÉCNICO.— Sí, señor.

Y el Técnico comienza a preparar la cámara que nos mostrará todo aquello que suceda debajo de la piel.

DIRECTOR.— ¡Dadme las luces de esta escena, por favor!

Y las luces cambian por última vez, volviendo a hacer del momento algo íntimo.

Eso es, maravilloso. *(Al Maquillador y al Peluquero)* ¿Está preparada?

Ambos asienten.

(A Miss Ucrania) Vale, pues vamos contigo, cariño. Te vas a colocar aquí, ¿sí?

El Director guía a Miss Ucrania a proscenio.

Vale, necesito que entiendas que hoy, por primera vez, vamos a escuchar el testimonio real de una mujer gestante, ¿sí? Así que quiero que seas tú misma. Relájate, siéntete cómoda y no tengas miedo de nada. Hemos venido a escucharte. Esta gente ha venido aquí y lleva toda la noche esperando para saber cuál es tu opinión real, ¿vale? Queremos saber qué sientes, qué piensas... pero, sobre todo, queremos saber tu verdad.

Silencio.

¿Estás preparada?

Miss Ucrania asiente.

Vale, vamos a empezar. ¡Todos prevenidos!

Ahora, todos se retiran a los márgenes del escenario para dejar a Miss Ucrania en el centro de la historia.

Silencio... ¡Acción!

En la pantalla aparece el rostro de Miss Ucrania y vemos cómo las palabras se le comienzan a amontonar en la boca.
Busca el valor en el silencio, que se prolonga más de lo esperado, creando expectación entre los asistentes.
Miss Ucrania coge aire y coge fuerzas para comenzar a despegar sus labios y para que las palabras vuelen lejos.

¡Corten! Suficiente. Era todo lo que queríamos escuchar, muchas gracias.

Y el Director, el Técnico, el Maquillador y el Peluquero salen de escena con la misma prisa con la que entraron.

XXII

En escena todo se ha quedado en silencio, en quietud.

La luz comienza a apagarse, pero lo hace con tanta lentitud que nadie lo percibe aún.

Miss Ucrania sigue plantada frente al micrófono, con todas las palabras que no ha dicho agolpadas en la boca.

De pronto, un quejido atraviesa sus labios y retumba por todo el espacio.

El Coro de mujeres clava la mirada en el vientre de Miss Ucrania.

Y de nuevo, el silencio roto por un quejido sordo y profundo que agita la respiración del cuerpo que está a punto de quebrarse.

Pero en escena todo es quietud.

Y el Coro de mujeres permanece inmóvil en el altar mientras observa cómo la vida se abre paso entre las piernas de Miss Ucrania, mientras observa cómo un quejido sigue a otro.

Y a otro.

Y a otro.

Y a otro.

Hasta que la oscuridad se hace vencedora en esta historia.

Hasta que solo se escucha el llanto del que estaba al otro lado de la piel.

Oscuro

Colección de Teatro

Teatroautor

210. **IX Laboratorio de Escritura Teatral**
Markel Hernández
Eu Manzanares
Daniel J. Meyer
Miguel Mota
Paz Palau
Mélanie Werder Avilés

211. **Muero porque no muero (La vida doble de Teresa)**
Paco Becerra

212. **La ausencia de los mundos asimétricos**
Ruth Gutiérrez Álvarez

213. **X Laboratorio de Escritura Teatral**
Marta Aran
Julio Béjar

Mafalda Bellido Monterde
África Hurtado
Vanesa Sotelo
Álvaro Nogales y Adrián Perea

214. **Primera sangre**
María Velasco

215. **La última función de Silvia K.**
Laura Aparicio

216. **XI Laboratorio de Escritura Teatral**
Josi Alvarado
Tomás Cabané
Enrique Cervantes
Santiago Cortegoso
Almudena Ramírez-Pantanella
Núria Vizcarro Boix

Teatro infantil y juvenil (Fundación SGAE /Anaya)

El árbol de Julia
Luis Matilla

La ciudad de Gaturguga
José González Torices

La caja de música
Alfonso Zurro

Manzanas rojas
Luis Matilla

Tira-tira o La fábrica de tiras
Agustí Franch Reche

Se suspende la función
Fernando Lalana

Dora, la hija del Sol
Carmen Fernández Villaba

Animaladas
Rafael Alcaraz Sánchez

¿Es tuyo?
Josep Albanell

Au revoir, Marie
Tina Rodríguez Olivares

Barriga
Juanluís Mira

El chip experimental
Ignasi García Barba

Descubriendo, que es gerundio
Alberto Iglesias González

Sumergirse en el agua
Helena Tornero

El último curso
Luis Matilla

Blanco (el libro que nació sin tinta)
Ángel Solo

La comedia Borja
Ignasi Moreno

Lejos
Magda Labarda

Víctor Osama
Francesc Adrià

Las piernas de Amaidú
Luis Matilla

De aventuras
Gracia Morales

Lumen, el guerrero de la luz
Mariano Lloret

Los chicos del barracón n.º 2
Luis Matilla

Un monstruo en mi país
Rodrigo Muñoz Avia

La vida de los salmones
Itziar Pascual

Nana en el tejado
Paco Gámez

Lo que vuelve a casa (y otros árboles)
Nieves Rodríguez Rodríguez

Astrolabio
Paco Romeu

Necesito una flor
Rocio Bello
Javier Hernando Herráez

La increíble historia de la caca mutante
Antonio Álamo

Un no monstruo que no vuela
Sara Pinet

Mambrú volvió de la guerra
Carlos Labraña

Premios Leopoldo Alas Mínguez

De hombre a hombre
Mariano Moro Lorente

Levante
Carmen Losa

La playa de los perros destrozados
Nacho de Diego

Cliff (Acantilado)
Alberto Conejero

Beca y Eva dicen que se quieren
Juan Luis Mira Candel

El año que mi corazón se rompió
Iñigo Guardamino

Eudy
Itziar Pascual

La tarde muerta
Alberto de Casso

Alimento para mastines
Javier Sahuquillo

El océano contra las rocas
Sergio Martínez Vila

El suelo que sostiene a Hande
Paco Gámez

Eloy y el Mañana
Iñigo Guardamino

La armonía de las esferas
Marcos Gisbert

Afuera están los perros
Francisco Javier Suárez Lema

Una canción italiana
Javier de Dios

Vagos y maleantes
Juan Carlos Mestre
Celia Morán

Teatro homenaje

Hermógenes Sainz
Historia de los Arraiz

Antonio Buero Vallejo
Las trampas del azar

José López Rubio
La otra orilla

Lauro Olmo
Pablo Iglesias

Fernando Fernán-Gómez
Los invasores del palacio

Adolfo Marsillach
Extraño anuncio

Antonio Gala
El caracol en el espejo

Enrique Fuster del Alcázar
El mercader de ilusiones. La historia de
Gregorio Martínez Sierra y Catalina Bárcena

José María Rodríguez Méndez
El pájaro solitario

Biografías / Memorias

Desde el escenario. Reflexiones y recuerdos
Jaime Salom

Francisco Nieva. Artista contemporáneo
VV. AA.

Gerardo Vera. Reinventar la realidad
Jorge Gorostiza

M.ª Teresa León. Memoria de la hermosura
Olga Álvarez (Coord.)

Antologías

Salvador Távora y la Cuadra de Sevilla
Tres décadas de creación teatral
Salvador Távora

Manuales / Guías

Manual de producción, gestión y distribución del teatro
(3.ª ed. totalmente revisada por el autor)
Jesús F. Cimarro

Dramaturgia española de hoy
Fermín Cabal

Mujeres creadoras

Nuria Espert
Juan Cruz

Pequeñoautor

Esto no es lo mío
María Vassart. Ils.: Noemí Villamuza

El misterio de la ópera
Norma Sturniolo. Ils.: Fernando Vicente

El niño que voló detrás de un escenario
Yolanda García Serrano. Ils.: Irene Becker

El mundo de Ariel
Marga Platel-Mateu Estarellas. Ils.: Mateu Estarellas

Esta publicación ha sido realizada íntegramente en papel ecológico libre de cloro